民性

造事務所 編著

PHP文庫

○本表紙図柄＝ロゼッタ・ストーン（大英博物館蔵）
○本表紙デザイン＋紋章＝上田晃郷

はじめに　あなたの心の奥底にあるヨーロッパ気質

エリザベス女王やベッカムに代表されるイギリス人は、紳士の国の名に恥じないスマートで高貴なイメージで知られます。じつはその反面、魔法や幽霊などのオカルト趣味をもつ人が多く、王室ゴシップも大好きです。

隣のアイルランド人は、ゴミの分別がいいかげんなのに、リサイクルには積極的。アイルランドと名前のよく似たアイスランドの人々は、政治家と国民が同じ温泉に浸かって語りあうほどのんきな「離島の民」です。

本書は、ヨーロッパ46カ国の国民性を、それぞれ国の歴史や文化、風土の特徴をまじえて紹介しています。わたしたちには理解しがたい言動に驚かされたり、思わず笑ってしまうほど、あなたにソックリな人々が見つかるかもしれません。

まずは、あなたがヨーロッパの何人気質か、チェックしてみましょう。

はじめの質問　次のうち、あてはまるほうを選んでください。

人は「見た目」が大事だ　↓4ページのAへ

いや、性格のほうが重要　↓6ページのBへ

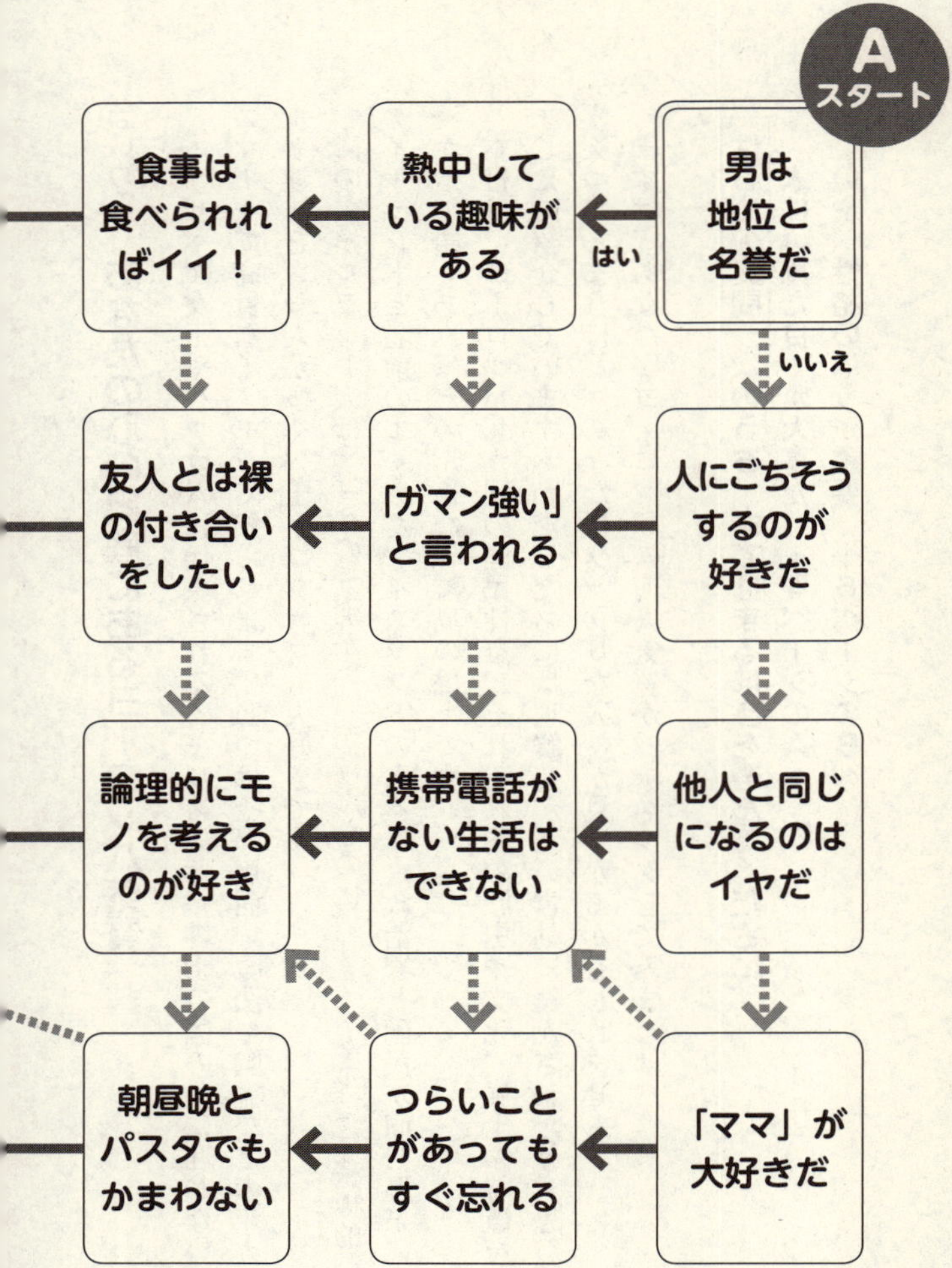
A
スタート
男は地位と名誉だ
はい
いいえ
熱中している趣味がある
食事は食べられればイイ！
人にごちそうするのが好きだ
「ガマン強い」と言われる
友人とは裸の付き合いをしたい
他人と同じになるのはイヤだ
携帯電話がない生活はできない
論理的にモノを考えるのが好き
「ママ」が大好きだ
つらいことがあってもすぐ忘れる
朝昼晩とパスタでもかまわない

行列に並ぶのは平気だ → セレブのゴシップ大好き！ → **イギリス人**

← 20ページへ

酒といえば60度以上のウオッカ → 「親分！」って呼ばれたい → **ロシア人**

← 96ページへ

健康にはかなり気を遣っている → カラオケではマイクを離さない → **フィンランド人**

← 158ページへ

最高のパートナー探しに奮闘 → 自分の地元がイチバンだ！ → **イタリア人**

← 226ページへ

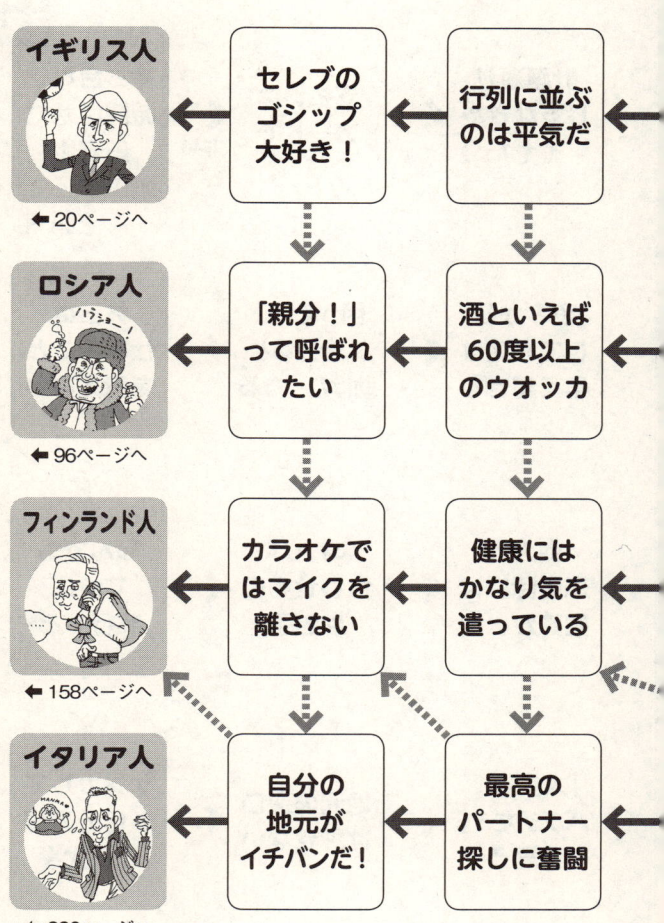

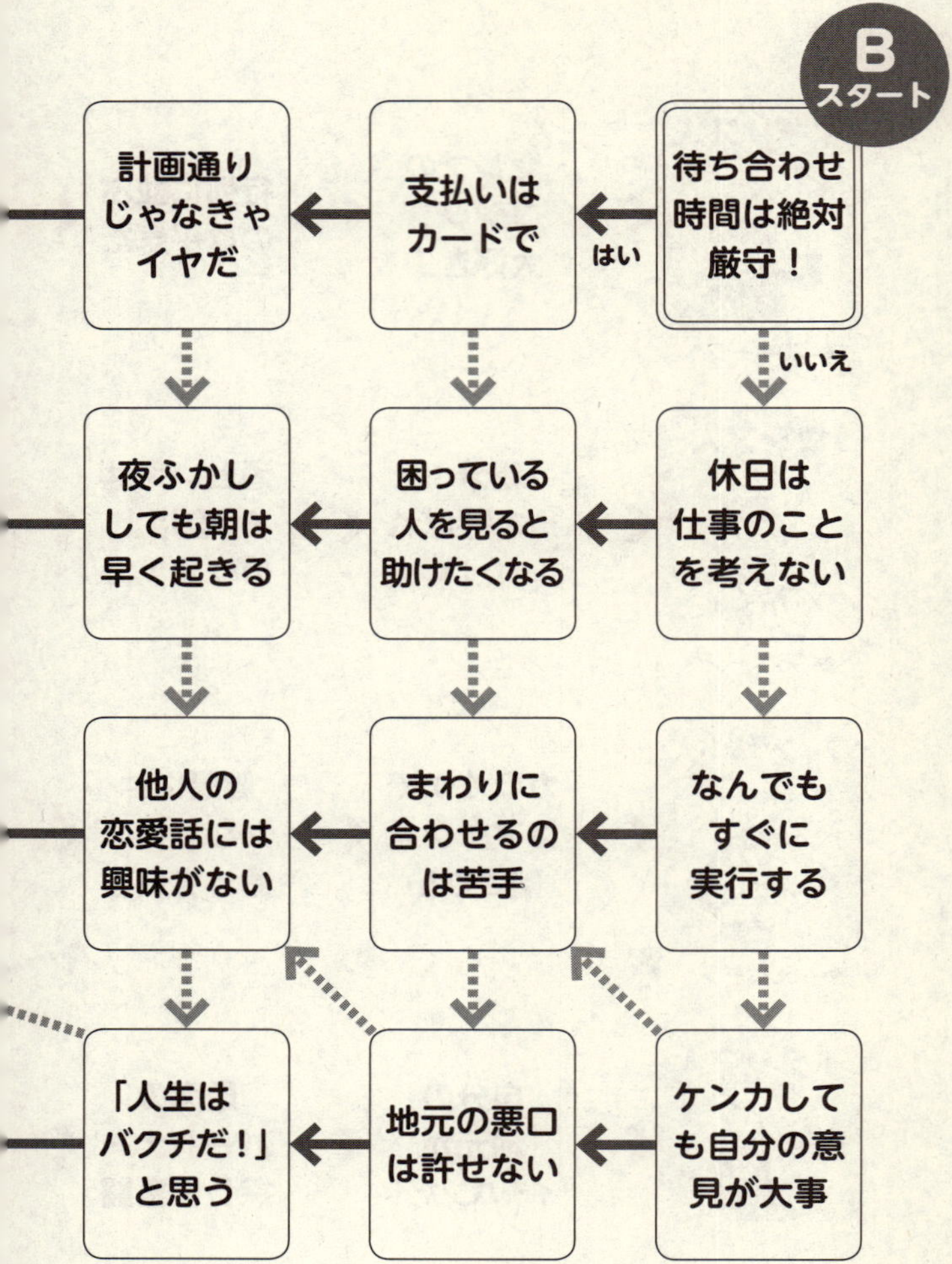
B
スタート
待ち合わせ時間は絶対厳守！
はい
いいえ
支払いはカードで
計画通りじゃなきゃイヤだ
休日は仕事のことを考えない
困っている人を見ると助けたくなる
夜ふかししても朝は早く起きる
なんでもすぐに実行する
まわりに合わせるのは苦手
他人の恋愛話には興味がない
ケンカしても自分の意見が大事
地元の悪口は許せない
「人生はバクチだ！」と思う

婚活はガンバルものだと思う

酒といえばビールでしょ!

ドイツ人

← 68ページへ

集団行動は苦手だ

「ちょっとヌケてる」と言われる

ポーランド人

← 112ページへ

自然とふれあうのが好きだ

音楽といえば、ヘヴィメタル!

スウェーデン人

← 166ページへ

亭主関白には理解がある

昼食のあと眠くなる

スペイン人

← 210ページへ

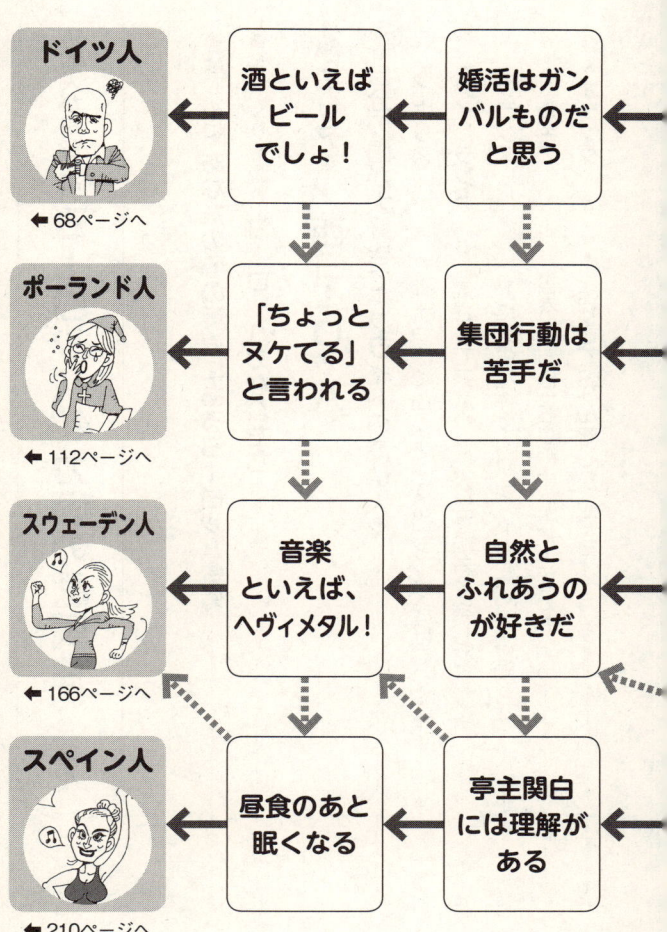

日本人が知らないヨーロッパ46カ国の国民性　目次

♥エリア3／北ヨーロッパ

ざっくり解説!

ヨーロッパのなりたち

各国の国民性を語るうえで重要なのは歴史。まずは、ヨーロッパ全体を理解しよう

●ヨーロッパの誕生と東西のキリスト教会

わたしたちが現在知っている「ヨーロッパの国々」と、各国のお国柄の違いはいつできたのだろうか？　その歴史上の転機は、大きく3回あった。

紀元前2600年ごろ、温暖な地中海沿岸で古代文明が生まれ、イタリア半島では紀元前3世紀ごろからローマ帝国が栄えていた。

第1の転機は、4～5世紀に**ローマ帝国の東側からゲルマン民族**が移動してきたことだ。ゲルマン人はローマ帝国の西部を征服し、今日のドイツやフランスの原形となるフランク王国などをつくった。

一方、それ以前から**西欧に住んでいたケルト人**は、アイルランドなど西の端へと

追いやられる。また、ゲルマン人の移動に少し遅れて、**東欧ではスラブ人が定住し**て、ロシアなどの原形をつくっている。

ゲルマン人やスラブ人は、日本の神道のように土着の信仰をもっていた。しかし、ヨーロッパではローマ帝国の文化や教養をキリスト教会が引きついでいたので、彼らはしだいにキリスト教に改宗し、教会を権威のうしろだてにした。

そして11世紀ごろに、西欧のカトリック教会と東欧の正教会が分裂する。カトリックはローマ教皇を頂点とするが、正教会は国ごとに総主教がいて、教義にそって生活習慣が異なる。これが現在の西欧と東欧の文化の違いにも影響しているのだ。

●ナポレオン戦争が生んだ各国のナショナリズム

第2の転機は16世紀前後、いわゆる大航海時代だ。当時、スペインやポルトガルなどが大西洋に出てアジア、アフリカ、南北アメリカ大陸の植民地獲得に乗り出した。以降ヨーロッパは、大西洋に面した西欧諸国が主導権をにぎる。

同じころ、**宗教改革**が起こり、カトリックからプロテスタント派が独立した。プロテスタントの教えが広がったイギリスやオランダ、スイスなどでは、カトリックで禁止される離婚が許されるなど、個人の自由と権利を尊重する「個人主義」が進んだ。一方、**東欧ではイスラム教国**のオスマン・トルコ帝国が勢力を広げ、同時にアジアふうの生活習慣が浸透していく。

そして、第3の転機は19世紀だ。フランス革命のあとに登場したナポレオンは、王侯貴族ではない。一般国民が中心の軍隊を率いてヨーロッパを席巻したのだ。これに刺激され、ヨーロッパ各国民のあいだには、**ナショナリズムが芽生え**ていく。

それまでは王様や貴族が勝手に戦争で国境を決めていたが、各国の国民がみずから「俺たち○○国民は隣の××国民とは違う。言葉が違う。宗教が違う」といったことを強く意識するようになっていったのだ。こうした民族意識の高まりもあって、ナポレオンが没落したあと、ベルギーやイタリアが独立する。

国家の登場と民族意識のぶつかり合いによって、20世紀には二度の大戦が起こる。その後は、冷戦をへて、ヨーロッパの人々はEU（欧州連合）のもとに結束したかにみえるが、民族や宗教の違いによる衝突はいまだになくならない。

●アジアに置きかえるとわかる隣国関係

ヨーロッパには、多くの国と民族が密集している。じつは、ヨーロッパで日本より広い国は、フランス、スペイン、スウェーデン、ロシア、ウクライナの5カ国だ

●ヨーロッパの言語による民族分布

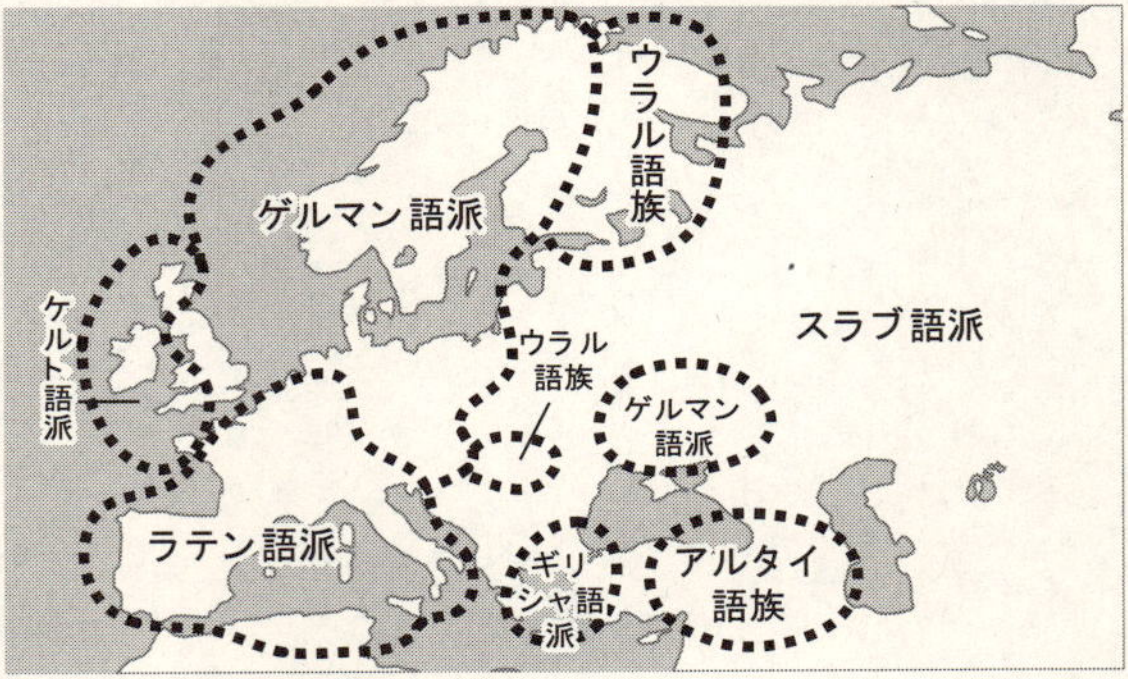

言語ごとに民族性や気質が似ている

け。人口も数百万から1000万ほどの国が多い。

ヨーロッパの隣接した国同士は「言葉も文化も近いから仲がよい」と思うかもしれないが、これはまったくの誤解。むしろ隣接した国同士ほど、過去に領土の奪い合いや分離・独立、民族の衝突があり、仲が悪い場合が多いのだ。

日本も中国や韓国から稲作や文字など、多くの文化的な影響を受けているが、尖閣諸島や竹島をめぐる衝突もある。ましてや多くのヨーロッパ諸国は隣国と陸続きなのだから、もっと話は複雑だ。

わたしたちが「ヨーロッパの国々の関係」を知ろうとするなら、まずそれぞれの国民性の違いを知る必要があるのだ。

文／佐藤賢二、古田由美子
イラスト／小島サエキチ
図版／原田弘和
本文デザイン／アップライン

West

エリア1

西ヨーロッパ

自分の国が大好きで、プライドの高い人々

大国が多く、まわりを従わせてきた自負がある。

北海
アイルランド
➡ 30ページ
イギリス
➡ 20ページ
オランダ
➡ 54ページ
ベルギー
➡ 48ページ
ルクセンブルク
➡ 62ページ
フランス
➡ 38ページ
大西洋
地中海

イギリス

紳士っぽくふるまうが、ゴシップを好む

サッカーは紳士のスポーツだと思っている
口を開けば、皮肉な言葉が飛び出す
服装や髪型など、見た目にかなりこだわる

●階級社会だが、みんな紳士淑女でいたいと思っていて、比較的身ぎれい

DATA

- **首都**：ロンドン
- **人口**：6180万人
- **面積**：24万3000㎢（日本の約3分の2）
- **言語**：英語（ウェールズ語、ゲール語など使用地域あり）
- **宗教**：英国国教ほか

♠王室ネタはツイッター、フェイスブックでチェック

イギリス人と聞いて、日本人が最初に思い浮かべるのは、エリザベス2世女王ではないだろうか。即位して60年以上、すでに90歳近い高齢にもかかわらず、元気に公務をこなす超タフな女性だ。２０１２年のロンドン五輪開会式では、映画「００７」のボンド役、ダニエル・クレイグとともにスカイダイビングをした映像で、世界中を沸かせた。

大半のイギリス国民にとっても、君主といえばエリザベス2世で、女王の存在は大きなものとなっている。君主制に異議を唱えるイギリス人もいるが、「王族なんて廃止しろ！」とは言わない。結局のところ、国民はみんな王族が好きなのだ。

そんなイギリス人、これまで王室の話題ならゴシップでもなんでも興味を示してきた。１９９７年に事故死したダイアナ妃はパパラッチに追いかけられ続け、不倫話から離婚騒動まで、私生活のすべてをこと細かに報道された。２０１１年のウィリアム王子とキャサリン妃の結婚も、そのなれそめから結婚にいたる過程まで、テレビや新聞で大々的に取り上げられ、ほぼすべての国民が目にしている。

ただ、ゴシップ大好きなはずのイギリス人も、他国のパパラッチが撮る、行き過

ぎた王室のプライベート写真には、嫌悪感を抱くらしい。

フランスのパパラッチが撮った、キャサリン妃のトップレス写真には、イギリス人は興味を示さなかった。それどころか、抗議した王室といっしょになって、その写真を撮ったパパラッチを非難したのだ。王室のゴシップが好きではあるが、海外にまで知られなくていいことは報道しないでくれと思っているらしい。

一方で、王室は国民に愛されるための活動に力を入れている。開かれた王室のイメージをもってもらうために、ユーチューブでは王室の映像を流し、ツイッターやフェイスブックでも情報を公開している。

イギリス人はこれらのウェブサイトをいつもチェックし、ついつい「いいね！」を押してしまうのだ。

♠なかなか伝わらない皮肉を連発

イギリス人のジョークはわかりにくい。皮肉がこめられていたり、まわりくどかったりと、他国の人ではちょっと理解しにくいものが多い。シャイで、ストレートにものを言うのが苦手というイギリス人の性格もあるが、イギリスの曇りの多い天気が、陰鬱《いんうつ》で暗い笑いを生んでいるともいわれている。そして自虐的になりやすい。

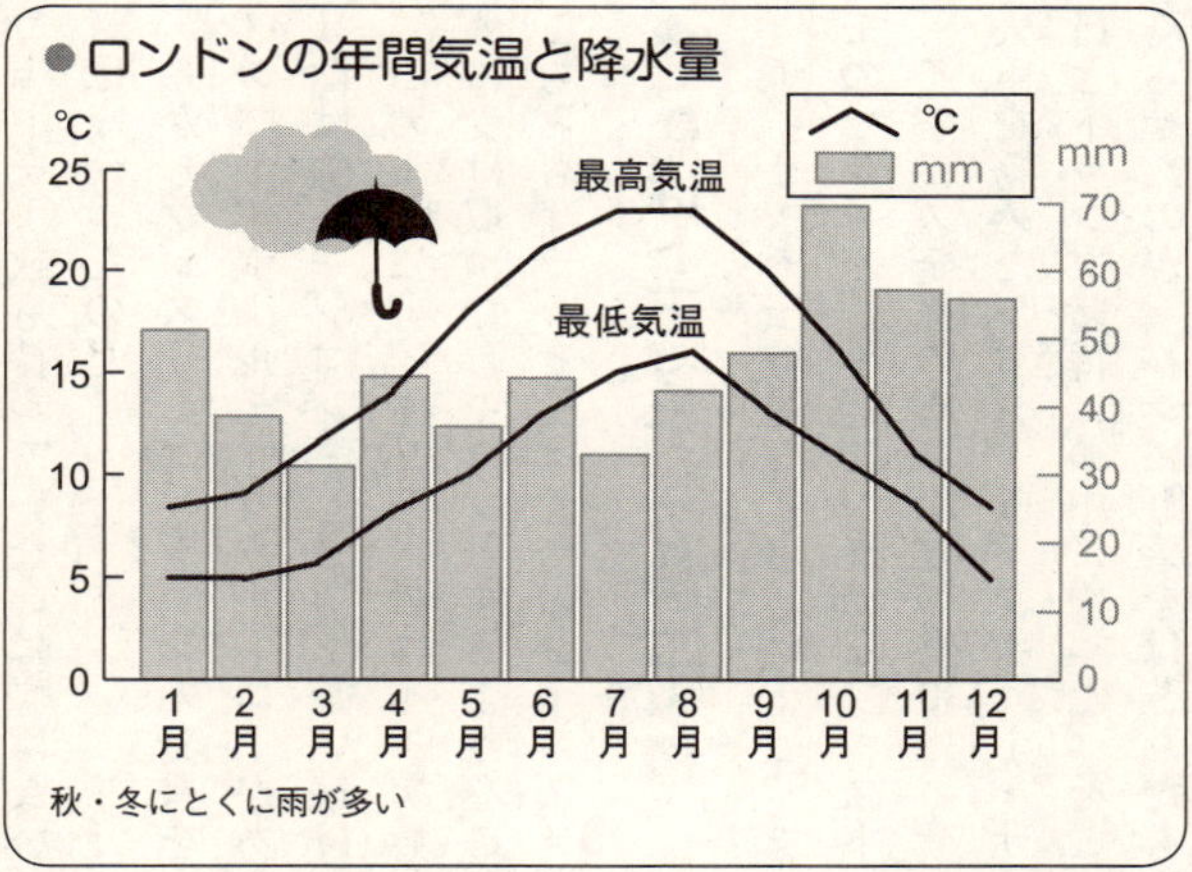

1960年代に世界を席巻したイギリス人ロックバンド、ビートルズのジョン・レノンは、お国柄の皮肉なジョークを飛ばしてまわりを凍りつかせることがあったという。ジョンにはこんな話もある。

人気絶頂期にアメリカを訪れたビートルズは、「キング・オブ・ロックンロール」と呼ばれた先輩ミュージシャン、エルビス・プレスリーに会った。アメリカ人のプレスリーは、「キミたちのレコードは全部持ってるよ」とお世辞を言った。それに対して、ジョンは、「僕はあなたのレコードは1枚も持っていない」と答えたのである。

ジョンがプレスリーの曲を聞いてロックに目覚めたのは有名な話。だから、レコードを1枚も持っていないはずはない。これはジョンのジョークで、まったく悪気はなかったのだ。

しかしプレスリーは、ジョンの発言を真に受け、キレてしまった。ビートルズのメンバー、ポール・マッカートニーがあわててその場をとりなしたが、結局プレスリーは生涯、ジョン・レノンを嫌い続けたらしい。

このように、イギリス人のユーモア感覚は、他国の人間には理解しにくい。まじめに受け取ったらギョッとするようなことを、サラッと口にする。悪気はないので、こちらもサラッと受け流すのがオススメだ。

♠「馬はトモダチ」の紳士事情

イギリスの伝統的な食事といえば、フィッシュ&チップス——白身魚とジャガイモのフライだ。手軽につまめるファストフードで、どこの店に入っても食べられる。

イギリス発祥の有名な食べ物には、サンドイッチがある。1749年ごろに海軍大臣を務めたジョン・モンタギュー・サンドイッチ伯爵が、食事をとるのも忘れるほどトランプ賭博《とばく》に夢中になった。そこでとりあえず片手間で食べられるものをつくらせたのが、パンに野菜をはさんだものだった。これがサンドイッチのルーツといわれている。

昔からイギリス人は、食事を忘れてでも熱中できるものを探すのがカッコイイと思っているふしがある。女性の場合も「専業主婦で家にいます」と言うよりも、「熱中しているものがあるので、働いています」と言うほうが尊敬される。

そのせいで食事に無頓着なのかといったら、じつはそうではない。2013年の2月に、ビーフ100％表記のラザニアに入っていた肉が、馬の肉だったことで大騒ぎになった。ただ、日本のように食品の成分表示を偽装したことで激震が走ったのとは少し違い、問題になったのは「馬の肉を食べていた」ことだ。

イギリス人にとって、馬は紳士の国の象徴で、家畜ではなく大切な友だちというあつかいになっている。ポロや競馬など、紳士のスポーツとして馬の競技が多く、警察官はいまだに馬に乗って街を巡回している。

馬とともに生き、馬を愛する国民ゆえ、イギリス人には馬肉を食べる文化がない。そのため、原材料に「馬」と書いておらず、知らなかったとはいえ馬を食べてしまったことで驚き、怒る人が現われたのだ。

もともとはとりあえずお腹を満たせればいいと、食事を軽視しがちなイギリス人。何かに熱中しすぎたせいで牛の肉と馬の肉の判断がつかなかったのかもしれない。

♠いい男ほど、ゲイの可能性が⁉

イギリスでは、05年に同性婚がＯＫとなった。イギリス国民の６％は同性愛者といわれていて、とくに男性に多い。紳士の国といわれているが、男たちは女性のエスコートに疲れてしまったのだろうか？

同性婚の合法化は、待ちに待ったできごとだったようだ。すぐに結婚して話題を呼んだのは、歌手のエルトン・ジョンだ。長年付き合ってきた男性と、ウィンザー・ギルドホール（市庁舎）という場所で式まで挙げた。ここは、チャールズ皇太子がカミラ夫人と挙式したことで有名である。

日本では、男性同士が手をつないで歩く姿はほとんどみかけないが、イギリスではそんな光景がそこらじゅうにあふれている。ゲイの男性はたいへんオシャレで清潔感があり、見た目はとてもセクシーだという。そのうえ、性格はとてもやさしいのが特徴だ。

イギリス人男性に出会って「ちょっといいな」と、トキメク女性がいるかもしれない。しかし、そういう男性こそが同性愛者だったりするのだ。

一説によると、イギリス人女性にはゲイの男性を見分ける「ゲイダー（ゲイを探

●どんな場所でもキレイに並ぶイギリス人

できた列を絶対に乱してはいけない

知するという意味の造語)」というものが備わっているらしい。

♠みえない列に並ぶ? 行儀のよい習慣

日本でもみかける英国風パブだが、イギリスでは13世紀ごろにはその前身となるものがあったという。当時は、アルコール度のかなり低い酒を提供する、ちょっとした休憩の場所として使われていた。

そんなパブの歴史があるイギリス人たちは、仕事を終えるとパブに集まって酒を飲む。しかし、どんなに大人数で集まっても、イギリス人には割り勘という習慣がない。

注文のたびにお金を払うパブでは「ラ

ウンド」といって、ひとりが全員分の飲食代を払う。グラスが空いたら「次はオレの番だな」と察して、交代でカウンターへ飲み物を買いに行く。

カウンターでは、とにかくきれいに並ばなければならない。割り込みや順番を抜かすことは絶対に許されない。さらに、ものすごく狭い場所で、どう考えても列がつくれないようなところでも、「たぶんこのあたり……」という想像を働かせて、順番を守るため列をつくらなければならないのだ。

「列に並ぶ」という習慣は、イギリス人にとってかなり大切なことらしく、これを乱す人を軽蔑するらしい。このように伝統的なルールやマナーをキッチリ守る人が多い。イギリス人と列に並ぶことがあれば、気をつけなければならない。

♠幽霊屋敷に住みたがるオカルト好き

イギリスには、1500年ごろに起こった宗教改革の影響でローマ教会から独立した、英国国教会という組織がある。カトリックとプロテスタントの中間にあるともいわれるイギリス独自の宗教を、国民のじつに70%以上が信仰している。

信心深いといわれるイギリス人が、神と同じくらい信じているものがある。UFOや幽霊などのオカルトのたぐいだ。

イギリスでは、ロンドン塔を中心とする心霊スポットが有名で、幽霊をみようという旅行ツアーが組まれるほど人気だ。

幽霊が出るとウワサされるパブが大人気になったり、同様のウワサのあるアパートは、家賃が相場の1、2割高くなったりする。ちょっと値段は高くても、そこに住みたがる人が殺到するのだ。

さらに、魔法や魔女にも異常な興味を示す。イギリスで魔法を題材にした作品といえば『ハリー・ポッター』シリーズが人気で、児童文学にもかかわらず、大人たちに読まれた。魔法学校という設定に、興奮したようだ。

紳士然として伝統を重んじ、ユニオンジャックを掲げるカッコいいイメージのイギリス人だが、オカルトが大好きで、自分が死んだあとには、ぜひ幽霊になりたいと願っているらしい。

イギリスの代表的人物

デイビッド・ベッカム

(1975年〜)

イギリス・イングランド出身の元サッカー選手。マンチェスターユナイテッドなどの名門サッカークラブを渡り歩き、イングランド代表でも活躍した。オシャレな選手として有名で、2002年の日韓W杯では、ベッカムのソフトモヒカンの髪型が話題になり、日本でも流行した。

アイルランド

気さくでアバウト、人生を明るく楽しむ

DATA

- **首都**：ダブリン
- **人口**：約459万人
- **面積**：7万300㎢（北海道とほぼ同じ）
- **言語**：アイルランド語（ゲール語）、英語
- **宗教**：カトリックほか

♠人見知りせず、誰とでも友だちに

レストランで隣の席に座った老夫婦が、「その帽子いいね」と気軽に声をかけてくる——気さくで明るく、人と話すのが好き、これがアイルランド人だ。

人なつっこい気質がよく表われるのがアイリッシュ・パブだ。「すごく仲良さそうに話をしているふたりが、ついさっき会ったばかりで初対面だった」ということもよくある。

ひとりでパブに行っても、たいていは店員さんが声をかけてくれる。次に来店した人にその人を紹介してくれて話が盛り上がり、どんどん仲間ができていく。ウェ

ルカム・ネイチャーといわれるほど、外国人をこころよく受け入れ、世話を焼くフレンドリーさである。

その一方で、かなりのいい加減さももちあわせている。バス停に「○○まで6ユーロ」と書いてあっても、運転手に「じつは7ユーロなんだ。悪いね」と言われることもしばしば。買い物をするときに小銭が足りなくても「あ、5セント足りないわね、でもまぁいいわ」とまけてもらえたりする。細かなことを気にしないのだ。

彼らの祖先は、はるか昔にヨーロッパの広範囲を支配していたケルト人。ケルト人の大胆で誇り高く、陽気な気質を引き継いでいるのがアイルランド人なのだ。

また、たびたび侵略されつつも、共和国として独立を維持してきたという誇りがある。同時に、周辺の大国から軽視されてきたからこそ、「外国に認められたい」という思いを秘めている。だから外国人に親切で、オープンなのかもしれない。

◆苦難の歴史に裏づけられる辛抱強さ

音楽が大好きなアイルランド人は、パブはもちろん、ストリートでも演奏したがる。国内各地で音楽のフェスティバルが開催され、日常に音楽があふれているといっても過言ではない。

アイルランドには、世界的に有名なミュージシャンが多く、歌手のエンヤ、ロックバンドのU2、女性ボーカルユニットであるケルティック・ウーマンなどがいる。政治的な信条と愛を力強く歌うU2をはじめ、メッセージ性のあるアーティストが多いのは、宗教（カトリック系）の影響も大きいが、やはりケルト人の気質や歴史的背景もあるようだ。

文化のベースにあるのは、アイリッシュ・ミュージックだ。バグパイプのもとになったイーリアンパイプを中心に、アコーディオンやバイオリン、ときにはスプーンや動物の骨（ボーン）を叩いてリズムをとる。

また、世界中にアイリッシュ（アイルランド系）移民がいることも、ひとつの特徴だ。イギリスに支配され、大飢饉が起こった19世紀に、多くの人が祖国から欧米を中心とする世界中に渡った。今は2世、3世となってその地で活躍している。

移住先では差別され、近年まで求人広告や店の入り口などに「No Irish（アイルランド人お断わり）」と掲げられることもあった。それでも移民やその子孫はへこたれず、才能を開花させた。アイルランド系アメリカ人には、ジョン・F・ケネディやロナルド・レーガンといった元アメリカ大統領をはじめ、ディズニーの創業者であるウォルト・ディズニーや、映画監督のマイケル・ムーアなど大物もいる。

アイルランド人は周辺諸国からの侵略や差別など、たび重なる苦難に耐えてきた。その影響からか、負けん気が強く、辛抱強くて努力家という一面もあるのだ。

一方で、アイルランド人はこれまでの歴史も忘れていない。グレートブリテン島（現在のイギリス）を追いやられ、イギリスの圧政を受けたことから、今でもイギリスを恨む人も多くいる。若い人たちのあいだでは、「反イングランド」がちょっとしたブームになっていて、批判を楽しんでいる者もいるようだ。

♠ジャガイモ料理ばっかりでもヘッチャラ

パブ発祥の地であるアイルランドでは、どの街にもパブがある。「ギネスブック」でも有名な黒ビール・ギネスビールを、昼間から口にしている人もいる。人口100万ほどの首都・ダブリンには1000件近くのパブがひしめく。深夜1時ごろにパブがいっせいに閉店すると、街には酔っぱらいがあふれ、ケンカもしばしば起こる。だが、アイルランドはEUのなかでもっとも犯罪率が低く、治安はいい。

飲みかたは太っ腹で気前がいい。アイルランド人はパブでイギリス同様に「ラウンド」（27ページ）のルールで飲む。おごられた人がほかの仲間全員におごり返すまで飲みあうのだ。

これは、アイルランド人が農民として暮らしてきた習慣ともいえる。日本の「おたがいさま」という感覚に近く、地域の人たちとたがいに助けあいながら生きてきた。親しい仲間を大切にしつつ、楽しい時間を過ごすのだ。

食事もおいしい。とくに朝食を重視していて「アイリッシュ・ブレックファースト」と呼ばれるほど有名だ。ソーセージやベーコン、目玉焼き、マッシュルーム、焼きトマト、ベイクド・ビーンズなどが、皿にあふれんばかりに盛られる。

もともとは、労働者が朝からガッツリ食べてパワーを充電していたことから、この朝食が登場した。ほかに、ラム肉とたっぷりの根菜を煮込んだアイリッシュシチューも有名である。

アイルランドをはじめとしたヨーロッパ各国で、料理に頻繁に出てくるのがジャガイモだ。とくにアイルランドでは、メインにマッシュポテト、サイドディッシュがフライドポテトといったジャガイモばかりの夕食や、朝から晩までジャガイモ尽くしなんてことも一般家庭ではよくある。

そんな主食ともいうべきジャガイモが、危機に陥ったこともある。ジャガイモ大飢饉だ。1845年から数年間、ジャガイモが大凶作となり、アイルランドは深刻な食料不足に見舞われた。100万人以上の餓死者を出し、100万人が国外への

●アイルランドとヨーロッパの人口の推移

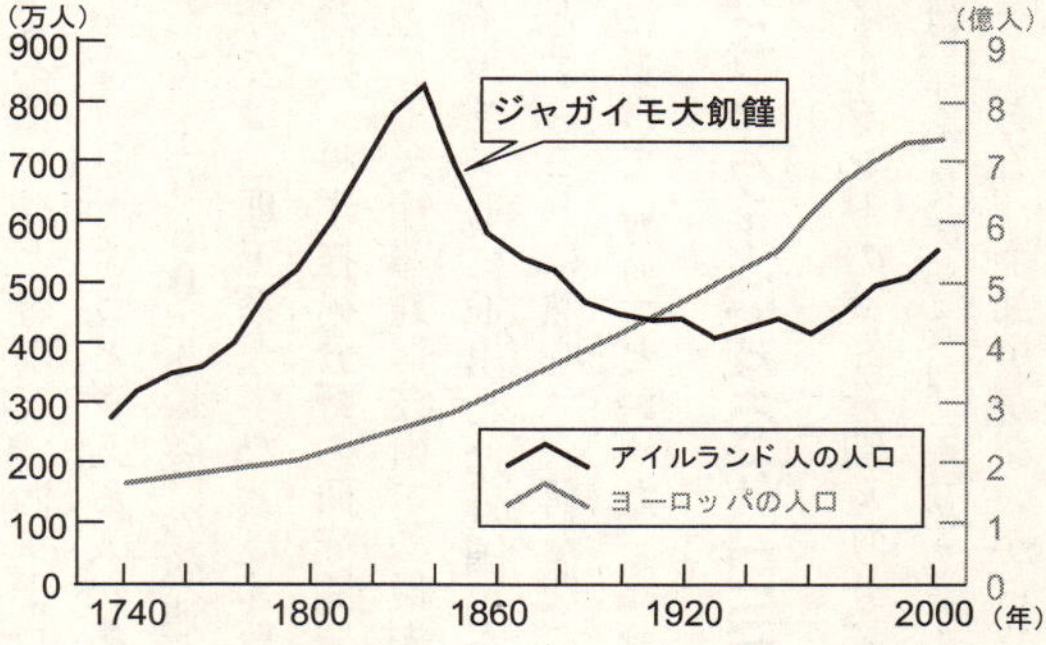

ジャガイモ大飢饉で人口が激減した

移住を余儀なくされた。アイルランド人には、その記憶が今も強烈に残っているようだ。

♠時間にルーズだが教育熱心

大ざっぱな気質からか、アイルランド人はよく遅刻する。バスや電車が遅れるのは当たり前。仕事の始業時間やクライアントとのアポイントでも遅刻する。なかには、「仕事ができなくて何が悪い」という人もいる。時間内に仕事が終わりそうにないと、やったようにみせかけてごまかすつわものもいるくらいだ。

だが近年、優秀な技術者や高学歴の有能な人材が多いアイルランドには、国外からの企業進出が増えている。

それを下支えしているのが、高い教育水準だ。もともと、アイルランド人は教育熱心である。ひと昔前まで西ヨーロッパで最貧国だったが、貧しくても子どもには教育を受けさせようと考える人が多かったようだ。

そして、1960年代以降の急速な経済発展にともなって、教育水準も急激にアップ。今では、理工系大学など高等教育の修了者が多く、即戦力となる人材を育てると同時に、科学技術分野の研究開発にも力を入れている。そんなアイルランドは現在、ICT（情報通信技術）の最先端を走っている。

アイルランドに進出した外国の企業からは、「仕事を正しく行ない、効率を上げようとすることに熱心」、「新たなことを学ぶのには積極的で、知識を得て応用する能力に長けている」といった、高評価を得ているのだ。

♠リサイクルはするが、ゴミの分別はしない

アイルランドのゴミ分別&リサイクルは10年ほど前にスタートしたばかり。それまでは、すべてのゴミは「埋める」ものだった。ゴミの分別といわれても「それなぁに？」である。焼却炉がないからゴミの回収もなく、捨て放題だった。

EUの環境規制を受け、2002年からレジ袋が有料になった。ゴミ回収も有料

となり、基本料と回収ボックスごとに料金がかかる。

ただし、いい加減なアイルランド人のこと。ゴミの分別は、やっぱり大ざっぱである。「資源ゴミは緑の箱、それ以外は黒の箱に入れてね」。数年前からこれに加えて、「生ゴミは茶色の箱に入れてよ」となった。これだけわかりやすくしても、資源ゴミのボックスには段ボールや紙、空き缶、プラスチックボトルがごちゃまぜになって捨てられている。

そしてゴミのポイ捨てはなくならない。景観が美しいアイルランドだが、観光地である山あいや湖などは、空き缶やペットボトルのゴミだらけで、日本人が見ると驚くという。

ゴミについてはいい加減だが、タオルは雑巾にしてボロボロになるまで使い、古着はリサイクル。ボランティア団体が古着の回収ボックスを設けるほど徹底されている。モノは大切に使うのだ。

アイルランドの代表的人物

エンヤ

（1961年～）

ケルト音楽をベースに独自の音楽を展開するミュージシャン。エンヤのプロデューサーであるニッキー・ライアン、ローマ・ライアンとの共同プロジェクト名でもある。映画「ロード・オブ・ザ・リング」の主題歌などを手がけていて、世界的に有名。癒し系音楽の名手としても愛されている。

フランス

愛に人生を捧げ、プライドが高くて議論好き

ワインをこよなく愛する
愛想笑いはせず、つねに無愛想
自国のブランド品が大好き

●自信家で見栄っ張り。自分の国が大好きで、全身自国のモノで固めている

DATA

- **首都**：パリ
- **人口**：約6560万人
- **面積**：約54万4000㎢（日本の約1.4倍）
- **言語**：フランス語
- **宗教**：カトリック、イスラム教、プロテスタント、ユダヤ教

♠自分大好き！ 初対面では超警戒

フランス人は自分が大好きだ。そして「ヨーロッパの中心はもちろんフランス。フランス最高！」と考えている。ヴェルサイユ宮殿に代表される宮廷文化や、フランス革命といった歴史があるフランスは、エルメスやシャネルなどファッションブランド発祥の地でもある。国民は自国の文化や歴史に誇りをもっているのだ。

こんなに素晴らしい自分の考えは、みんな理解すべきだと考えているのか、議論が大好きで、自分の意見や思ったことは率直に言う。自己表現が豊かで、ガンコだ。

たとえば、「エスカルゴは苦手」なんて言ったら、フランス人はエスカルゴについて軽く15分は熱弁する。ささいなことでも、議論しないと気が済まない。言いたいことを言い、意見を戦わせるのが会話の楽しみなのだ。これは、フランス流教育の成果である。フランスは「自分の考えていることを、相手にわかりやすく正確に説明できるような、基礎的コミュニケーション能力を身につける」ことを最重要目標としているからだ。

そして、フランス人はだいたいいつも無表情だ。旅行でパリを訪れた多くの日本人は、「店員が冷たい」という印象をもつ。日本人のように愛想笑いをしないからだ。

フランスでは見知らぬ人や外国人を「エトランジェ」と呼び、危険だという意味を込める。よく知らない人物にニコニコしないのが、フランス流だ。

さらに、客優先ではなく、店員も客も対等であると考えている。客の欲しい商品が店頭になくても、「ありません」のひとことで終わる。店員はミスをしても、「謝るなんてとんでもない！」と非を認めない。だが、顔なじみになると少しずつ親切になる。店員と客ではなく、あくまでも人と人との関係を重視するのだ。

だが、とっておきのフレーズがある。「エッフェル塔はどこですか」などと英語でストレートに尋ねても、警戒されて無視されるだけだ。フランス語に敬意を払い、礼を尽くして話す人には好意をもち、返事をしてくれる。「お邪魔して恐縮です～、ムッシュ（マダム）」、フランス語で「Excusez-moi de vous deranger, monsieur (madame)、エクスキュゼモア ドゥヴデランジェ、ムッシュ（マダム）」というあいさつ言葉は、パリっ子が親切に対応してくれる魔法の言葉だ。

♠愛があれば不倫もOK！ 愛こそすべて

恋の話ばかりするフランス人は、恋愛&セックスが大好き。街中やオフィスでもイチャイチャし、家族の前でもディープキス。2日に1回はセックスを楽しむ。

●各国の婚外子数（2008年　ユーロスタット）

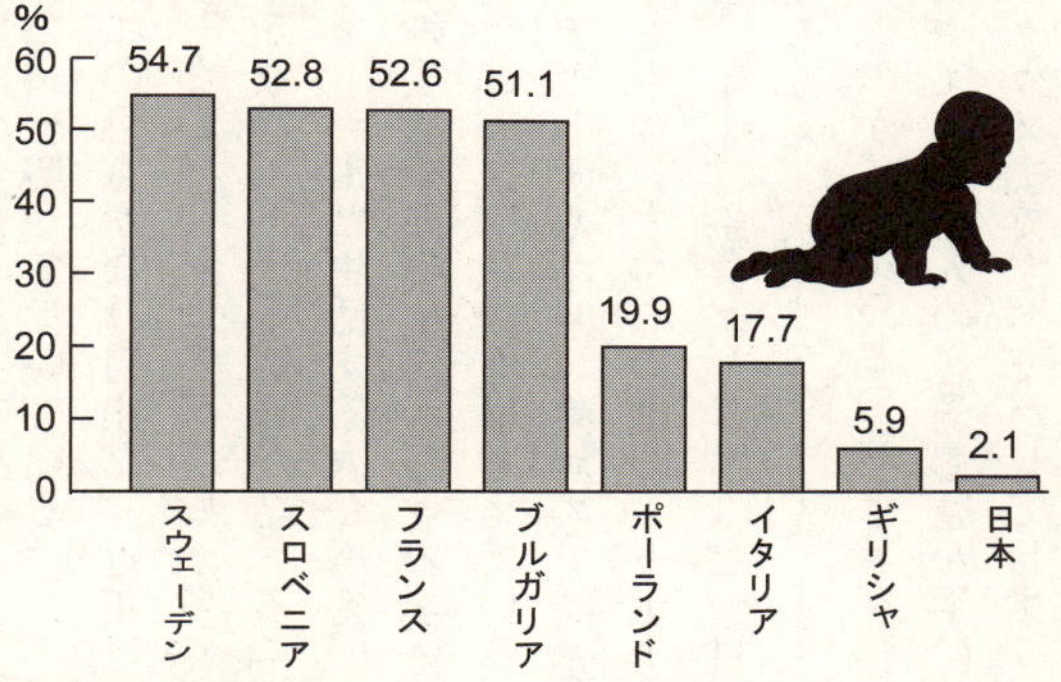

福祉の手厚い北欧に多いが、フランスも増えている

フランスでは「愛に人生を捧げた人は、たとえ不倫であっても素晴らしい！」と、高く評価される傾向がある。故ミッテラン元大統領には隠し子がいたし、シラク元大統領は愛人が何人もいた。でも、スキャンダルにはならない。彼らにとって政治とプライベートは別物なのだ。

17世紀のルイ14世の時代、宮廷で騎士道恋愛（宮廷風恋愛）がさかんになった歴史がある。既婚の貴婦人は夫以外の男性と恋に落ちるのがつねで、恋愛が重要とされた。その風潮が今もしっかりと根づいているのだ。

また、「恋愛や結婚は当人同士が自由にするもの」という感覚がある。だから、同性愛ももちろんＯＫ。２０１４年に任期満了を迎える現パリ市長・ドラノエ氏は、ゲイで有名だ。同性愛者のパレードでは、先頭を切って歩いている。

結婚の形もかなり自由だ。近年は、結婚や離婚の手続きが複雑だからか、結婚を選択しない、いわゆる事実婚が多く、婚外子の割合が50％を超えている。結婚より緩やかなパートナー関係が結べる「パクス」という制度に人気があり、結婚しないでパートナーと生活する人が増えている。

結婚生活や同棲生活をうまく続けていくには、「性的な魅力を保ち続けることが重要」と、フランス人は考えている。毎朝のキス、子どもができても夫婦ふたりだけでデートするなど、愛ある生活がないと生きていけないのだ。だから、「子どもよりももっと大事なのはパートナー！」である。さらに、「ジュテーム（愛している）」、「モナムール（愛しい《いと》人）」など、甘い言葉を連発することを得意とする。

そのうえ、「愛するパートナーを、ひとりにしておくことはできない！」と考えているのか、友だちとの飲み会や親族の集まりなど、どこでもカップルで出席する。友人や家族は当人の恋愛遍歴が手にとるようにわかり、元カノや元々カノ、さらに元々々カノまですべてバレてしまう。今カノの名前を間違えないようにするのにひと苦労だ。それでもフランス人は気にせず、オープンに恋愛を楽しんでいる。

♠バカンスにはお金をかけるが、普段は質素

フランス人は、バカンスやクリスマスにお金と時間をかける。日本と大きく違うのは、有給休暇の長さ。年に約5週間分の有給休暇があり、取得率はなんと89%。夏には1カ月ほどの長期休暇をとり、貸し別荘や海外でのんびり過ごす。観光よりも、本を読み、昼寝や散歩をすることが最高に贅沢《ぜいたく》な時間の過ごしかただと思っている。休暇ではない、普通の日でも仕事での昼休みは2時間もあり、ランチでのアルコールもOK。日本人には想像もできない環境で、うらやましいかぎりだ。

一方で、暮らしぶりはいたって質素。何十年も前の冷蔵庫や家具、食器などを当たり前のように使う。ものを大切にし、ものを捨てられない。ケチではなく「古いものほど素晴らしい。そして美しく、価値がある」という感覚があるからだ。事実、19世紀に建てられたアパートは、水回りなどの使い勝手が悪くても人気が高い。

さらに、不自由さを苦としない。そもそもフランスにはコンビニがない。コンビニのような店があっても24時間営業はしない。ストライキで交通機関が1カ月ほどストップしても文句は言わず、通勤用の自転車が飛ぶように売れるだけ。自分たち

もストライキをすることがあり、ストライキの権利を認めているからだ。

♠ビール1杯でも、徹底してカード払い！

フランス人は、財布を持ち歩かない。手ぶらで、ポケットにクレジットカードを入れて行動する。小切手（チェック）での支払いも普通のことだ。レジがどれだけ混雑していてもおかまいなしに、小切手に記入して店員に手渡している。

もちろん、古くからあるマルシェ（市場）など、カードが使えないお店もある。しかし、たとえビール１杯でも堂々とカードで支払う。アクセサリーなどを現金で買おうとしたら、「今、おつりがないからカードにして」と言われることもあるほどのカード大国だ。

現金で買い物しようとする観光客をみると、「あれは日本人だね」と思っているらしい。有料の公衆トイレを使うときやチップを払うときなどは、多少の小銭が必要となるが、クレジットカードを１枚もっていれば十分に生活できるのだ。

これらの背景には、スリなどの窃盗事件が日本よりも4倍以上多いことがある。だが、じつはプライドの高いフランス人は「いくら持っているのかを、まわりに知られたくない」と思っているフシがある。それがホントの理由かもしれない。

●フランスのクレジットカードと小切手

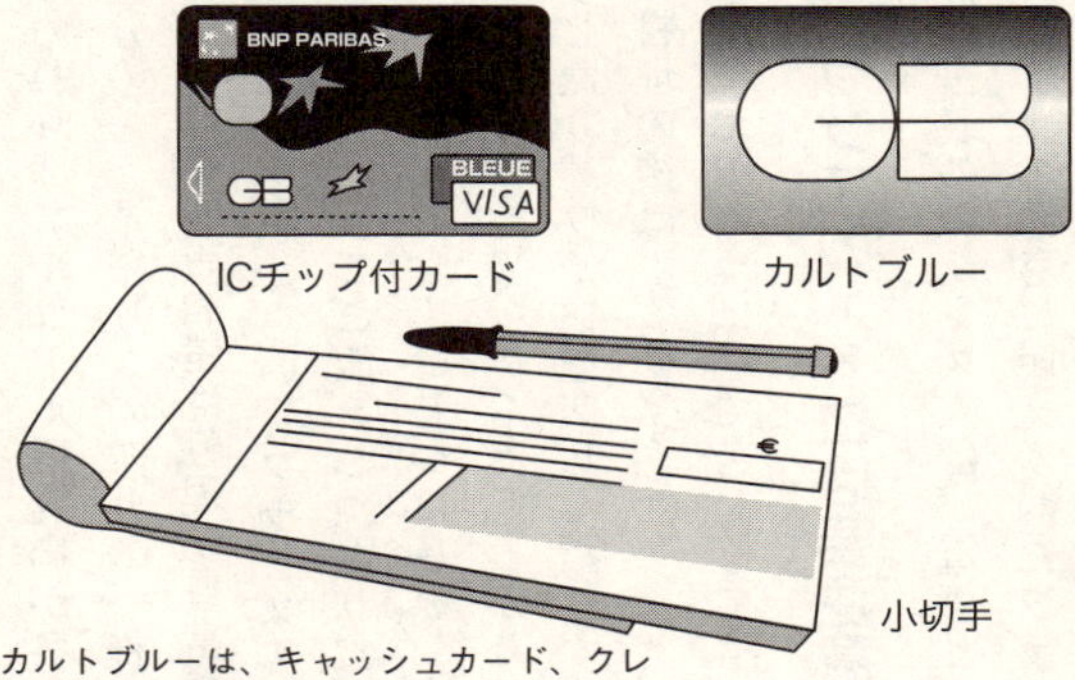

ICチップ付カード

カルトブルー

小切手

カルトブルーは、キャッシュカード、クレジットカード、デビットカードとして使える

♠11歳からワインを飲む!?

ジビエ料理やテリーヌといったフランスの料理に欠かせないのが、ワインだ。食前、食中、食後としっかり飲み分けるのがフランス流。16歳から合法的に飲めるが、早い子では11歳くらいからワインを飲むようになるというから驚く。

　フランス人が飲むのはワインだけではない。ドイツに近いアルザス地方のビールや、田舎料理であるクレープ料理に欠かせない、リンゴの発泡酒・シードルも有名だ。

　それでも、やっぱりいちばん人気は赤ワイン。ポリフェノールの抗酸化作用によるためか、フランス人は高脂肪の食生活をしているのに心筋梗塞を発症する割合が低い。これは「フレンチパラドックス」ともいわれ、アルコール摂取量が多いにもかかわらず、心疾患の死亡率はアメリカの三分の一、イギリスの四分の一程度となっている。

また、日本の居酒屋は料理が豊富だが、フランスのバーはつまみがほとんどなく、軽いスナック系くらい。フランス人は、「食べるときは食べる、飲むときは飲む」のが基本だ。家でご飯をしっかり食べてから、飲みに出かけるのを好む。

フランス人の食事はじつに長い。家庭でもまるでレストランのように、サラダ、メインはメインと、しっかり味わいながら順に食べる。そのあいだにおしゃべりしたり、ワインを楽しんだりするから、時間もかかるし、食べる量も多い。そして料理の後は、かならずといっていいほどチーズを食べる。チーズだけは別腹で、どんなにお腹いっぱいで苦しくても、ついがんばって食べてしまうのだ。

♠フランスのメトロは要注意

個人主義のフランス人は、電車という狭い空間のなかでも自分をつらぬく。あまりのマナーの悪さに耐えかねたフランス国鉄が「マナー警察官」を投入したほどだ。電車内には「物乞い」をする人がいる。これがまた、なんとも大迷惑。まず、「仕事がなく、子どもに食べさせるものがありません。どうかお金を恵んでください」と、大きな声で演説したあと、一人ひとりに声をかけていくのだ。その車両にいる乗客は、いたたまれない空気に苦しむことになる。

マイクや楽器をもちこんでパフォーマンスをし、「お金を入れてください」と、乗客一人ひとりに声をかけていく商売人もいる。電車内にスピーカーをもちこんで、大音量で音楽を聴く若者やタバコを吸うマナー違反者もいる。それを注意する人とのケンカがはじまり、警察が駆けつけることもある。さらに、改札口をジャンプして飛び越える人がいる。不正乗車の常習犯も多いのだ。

多くの観光客が訪れる芸術の都パリ——そこにいる人たちすべてがアーティスト気質なわけではない。こういう側面があることも知っておきたい。

フランスの代表的人物

ジャン・レノ

(1948年〜)

フランスの代表的な俳優。当時はフランスの保護領だったモロッコ生まれで、高校卒業後にフランスへ移住した。「レオン」「ニキータ」「ダ・ヴィンチ・コード」「ミッション・インポッシブル」など、多くの話題作に出演。近年では日本のCMで実写版ドラえもんを演じた。日本好きで有名。

ベルギー

自分たちは「EUの中心」だと思っている

DATA

・**首都**：ブリュッセル
・**人口**：1108万人
・**面積**：3万528㎢（日本の約12分の1）
・**言語**：オランダ語、フランス語、ドイツ語
・**宗教**：キリスト教（カトリック）ほか

♠おとぼけエピソード多発の、のんびり屋

ベルギーの人たちは、どんなに待たされても平気だ。スーパーのレジでどれだけ前の人がのんびり会計をしていても、はたまたポイントカードのことで質問された店員がながながと説明していても、文句も言わず当たり前のように待つ。

おおらかで、せかせかしていないベルギー人は「競争に勝って人より儲ける」より、「そこそこ稼いで自分の暮らしを充実させる」のを優先する。そして、自己中心的で他人のことは気にしない。だから、待たせても待たされても気にならない。

「ベルギー人って天然？　それとも……」と思えてしまうニュースに遭遇すること

も多々ある。ある日、フランスへバカンスに行ったベルギー人が道に迷い、同じところを車で9回も往復した。なぜ9回とわかったのかというと、同じ場所にあるオービス（自動速度取締機）に9回も速度違反で写真を撮られていたからだ。ピカッと光っても速度を落とさず、9回すべてに写ってしまったのだ。フランスの警察も気の毒に思ったのか、罰金をまけてあげたとか。

ヨーロッパの人々は、自国の周辺諸国を小馬鹿にするようなジョークや小ネタを言うことが多い。ベルギー人は隣のフランス人やオランダ人のジョークのターゲットにされがちだ。だが、「言いたいヤツには言わせておけ」と、気にもとめないのがベルギー人なのだ。

対立をなだめ、妥協案を考えるのが得意

ベルギー人にとって、「EU（ヨーロッパ連合）の本部、NATO（北大西洋条約機構）の本部が置かれヨーロッパの中心」であることは、大きな誇りだ。

だが、残念なことに「ベルギー語」はない。フランス語を公用語とする南部のワロン地方と、オランダ語のひとつであるフラマン語を公用語とする北部のフランデレン（フランドル）地方、ドイツとの国境近くにドイツ語を公用語とする地域があ

る。当然、道の看板や地下鉄の案内が2カ国語以上で書かれていたりする。

出身地を聞くと、たいてい「ベルギー」ではなく、「ブリュッセル」、「フランデレン」といった地名が返ってくる。それぞれの地域に高いプライドがあるのだ。南部はラテン系で「社交的でふざけている」、北部はドイツや北欧に似て「勤勉でかたぶつ」という性質で、「ベルギー人はこう」とひとくくりにできないところもある。

国内には、南北間に言語や文化、考えかたによる対立があるほどだ。だが、ずっと対立しているわけにもいかず、中間にあるブリュッセルが「まぁまぁ」となだめている。その影響からか、ベルギー人は合意点をみつけて解決するという力に長けている。「ベルギー式妥協法」といわれるほど、もめごとをうまくすり抜けるのである。

じつはベルギーは、建国からまだ180年ほどしか経っていない、歴史の若い国だ。ではなぜ、そこにEUの本部を置いたのだろう? 諸説あるが、イギリス・フランス・ドイツの三大国より、小国であるベルギーにあったほうが小競り合いは少ないだろうと考えたとする説が有力だ。

ベルギーは何度も侵略された末に、19世紀にオランダから独立。戦争をくり返す国同士を引き離す、ボーダーラインの役割を果たす中立国として誕生した。

そして現在は、自国内の南北の小競り合いをなだめながら、EUの周辺国をも

●ベルギーに本部がある国際機関の数々

EU（欧州連合）

NATO（北大西洋条約機構）

ITUC（国際労働組合総連合）

WCO（世界税関機構）

EU旗

大きな組織から小さなものまで、首都・ブリュッセルに集結

「まぁまぁ」となだめているのだ。

♠フランス料理に対抗意識メラメラ

もうひとつのベルギー人の誇りは、「フランス料理は、もともとはベルギー料理である」ということだ。

たとえば、「フレンチフライ」で知られるフライドポテトは、ベルギーが発祥の地と信じられている。けっしてフランス料理と認めないし、「フレンチフライ」とは絶対に言わない。ベルギー人は「フリッツ」と言う。

そのフリッツに、マヨネーズやタルタルソースをたっぷりつけて食べるのが大好きだ。

そして、ビールが有名な国である。朝はワッフルとチョコレート、昼は名物のムール貝とポテト、夜はビールの日々だ。

驚くのは、高速道路のサービスエリアにもベルギービールが売られていること。もちろん、その場で飲んで運転する人もいるし、ドリンクホルダーにビールを入れて飲みながら走るつわものもいる。「ビール1杯くらい問題ないよ」という人もいるくらいだ。もちろん、運転時の血中アルコール濃度には基準があるし、飲酒運転による事故はきびしく罰せられて、保険もきかない。しかし、ベルギーは自己責任の国。「自由でいいけど、問題を起こしても知らないよ」というわけだ。

また、ベルギーといえばチョコレートだ。世界でもっともチョコレートが売れているのは、ブリュッセル国際空港である。ベルギー産以外のチョコレートは駄菓子だと思っているから、ベルギー人にはベルギーチョコ以外は贈らないほうがいい。

ベルギーのチョコレート消費量は、世界ランク11位（一人あたりの年間消費量5キロ）で、イメージと違って意外に低め。世界1位であるルーマニア（同15・4キロ）の三分の一以下だ。それでも日本の2・1キロにくらべれば、十分に多い量だが、最近は健康ブームで、ビールとともに消費量は年々下がりつつある。

♠街の中心に刑務所が！

首都ブリュッセルには、街の真ん中に堂々と刑務所がある。ベルギー人は、「そのほうが囚人の家族が会いに行きやすいでしょ？」と言う。

これは、家族や親類、会ったこともない遠い親類まで大切にする民族性が影響している。フランスやドイツなど大国がせめぎ合うなかで、ほんとうに信頼できる家族の絆を大切にしているのだろう。

もうひとつ、街の真ん中に立っているのが小便小僧だ。小便小僧は衣装持ちで、イベント時には派手なかっこうをしていることも多い。ビールのイベントでは水がビールになって「放尿」されるほど、人々に愛されている。じつは小便小僧と対をなして小便娘（小便少女）も立っているが、こちらはひっそりとしてさびしげだ。

ベルギーの代表的人物

エルジェ

（1907〜1983年）

ベルギーが生んだ漫画家・新聞記者。代表作の「タンタンの冒険」は、世界50カ国以上で翻訳され、2億5000万部以上が売れている大ヒット作だ。2011年には、スピルバーグ監督によるアニメーション&3D映画として製作され、話題を呼んだ。

オランダ

話好きで、なんでもかんでもオープン

世界一
背が高い
「不美人が多
い」と言われ

オシャレには

無頓着で金を
かけない

●どこに行くときも、自転車に乗る。
自転車には金をかけている

DATA

- **首都**：アムステルダム
- **人口**：1679万人
- **面積**：4万1864㎢
（九州とほぼ同じ）
- **言語**：オランダ語
- **宗教**：カトリック、
プロテスタントほか

♠我が強く、「自分が正しい」と言い切る

基本的にはまじめ。規則は規則として、例外は受けいれない――それがオランダ人だ。まじめなゲルマン民族を先祖にもつ血統もあるのだろう。その一方で、ジョークが好きで明るく、ラテン系のノリももっている。

そして、どんなときでも「自分が正しい」と言い切る。「役所でこの書類、違うって言われたよ」と言っても、「この場合はこの書類でいいの！」と押し切る。結果的に間違っていてもおかまいなしだ。

仕事では、突然休みをとったりするが、「病欠します」と当日連絡でＯＫ。政府によって疾病休暇の濫用防止策がとられるほど、オランダ人は休暇をとりまくるのだ。週末が近づくと、休みのことばかり考えて、仕事が手につかない。「早く今日の仕事が終わればいいのに」とやり過ごすのがつねだ。

さらに、素直に「そうですね」とは絶対に言わない。たとえ簡単な質問でも、会話を振ったら、「それはね、こーであーで。ここはああして、こうなんだ」という説明がえんえんと続く。どんな会話でも「ええ。でも～」と反論する。わからないことがあると、「どうして？」とやたらと聞いてくる。ローマ帝国やイギリス、フ

ランスなどにたびたび侵略されながらも、自国を守ってきたオランダ人。「話し合いながら答えをみつける」という習慣が身についているのだろう。

◆ケチで倹約家だが、寄付金は惜しまない

オランダ人のお金の使いかたは、日本人やほかのヨーロッパ人とはかなり違う。まず、ブランド品に興味がない。「ブルガリ? 何それ?」というくらい。ファッションのフランスやイタリアをはじめ、自動車のドイツ、時計のスイスなど、ブランドずくめのヨーロッパだが、オランダのブランドと言われてもピンとこないはずだ。当然、ファッションに興味が薄く、派手な服装もしない。仮にブランドの服を身につけるとしても、ワンポイント程度で主張しすぎないデザインを好む。

みんなで食事に行くときには、当たり前のように割り勘だ。オランダを意味するダッチ(Dutch)を使った英語のフレーズ「Let's go Dutch.」は、割り勘という意味があるほど、ケチの代名詞になっている。

質素で倹約家だが、オランダ人は貧乏ではない。酪農や農業、国際貿易などもさかんで、オランダの一人あたりのGDP(国内総生産)は日本を上回り、世界でもトップクラスに入る。では、どこにお金を使うかというと「寄付」である。

駅前やマーケットなどで寄付活動が行なわれていると、オランダ人は惜しみなく寄付する。テレビや新聞で災害などへの援助を呼びかけると、あっという間に集まる。友人に送るクリスマスカードはユニセフの寄付金つき。「人道主義」の国で、高齢者だけでなく若い人も積極的に寄付する。ケチといわれているが、ほんとうは世界でトップクラスの寄付大国なのだ。

こんなオランダ人の誇りは「神は大地をつくり、オランダ人はオランダをつくった」ということ。低地による水害と闘いながら自国を開拓してきた歴史がある。ともに助け合って生きてきたからこそ、「助け合いの精神」が根づいているのだろう。

♠なぜかインテリアに仏像

世界でもっとも平均身長が高いのはオランダ人だ。男性は183・8センチ、女性は170・7センチと、ダントツの1位。それぞれ、日本人の平均身長より10センチ以上高い。街を歩くと、2メートル級の男性もゴロゴロいる。

その要因として、食生活が挙げられる。カルシウムの豊富なニシンを好んで食べ、チーズも大好き。それもたっぷりとる習慣がある。しかし、オランダ人は食にあまりこだわりがない。これといって有名な料理がないのが現実だ。

オランダ人にとって食事は楽しむためのものではなく、空腹を満たすものである。水揚げ高世界第2位を誇るムール貝が有名だが、ワインでボイルするくらいの簡単な調理法しかない。朝と昼はハムとチーズをはさんだサンドイッチ、温かい料理は夜のみで、野菜などを茹《ゆ》でる、つぶす、焼くといった簡単な食事だ。

食材や調理のバリエーションも少なく、1食に使う食材は2、3種類くらい。「主食はジャガイモ⁉」というくらい、どの料理にもジャガイモがついてくる。レストランでは、地味なオランダ料理をそのまま出すわけにいかないので、オランダの家庭料理をベースに、フレンチ風の盛りつけでしのいでいる。食事が質素なのは、質素・倹約を推奨するプロテスタントのカルヴァン派の影響が大きい。

ところで、オランダ人の生活で不思議なことがひとつある。それは、自宅に仏像を飾る人が多いこと。オランダ人からみると、東洋は未知のエリアでミステリアスなイメージが強いらしい。ロマンをかき立てられるのか、雑貨屋などには、仏像をはじめとした多くのアジア雑貨が売られている。

仏像をインテリアにする理由は、「だって、落ち着くから」。全身の仏像ならまだいいが、驚くことに首から上だけの「生首状態の仏像」が置かれていることも少なくない。日本人からすると、どうにも落ち着かないのだが……。

●コーヒーショップとカフェの違い

大麻の店は怪しい雰囲気で、カフェは外観がオシャレ

♠ドラッグ、売春、セックスなんでもアリ!?

チューリップや水車など、メルヘンチックなイメージが強いオランダ。一方で、ドラッグや性、安楽死についてはオープンなとらえかたをしている。

オランダで「カフェ」といえばコーヒーを飲むところ。しかし、「コーヒーショップ」といえばソフトドラッグ（大麻）を合法的に売っているところだ。ドラッグ目的の観光客が多いため、2012年から外国人旅行者には販売しないという規制がつくられている。

また、アムステルダムの指定区域では売春が公然と行なわれている。性に対してオープンなので、旅行者が素足にミニスカートのスタイルでうっかり街中を歩くと、風俗嬢だと思われて声をかけられる。また、電車内などで化粧をしても、同じように風俗嬢とみられるから注意しよう。

性教育も進んでいる。15~17歳の子どもをもつオランダの親たちは、自宅での恋人との性行為を許可する人がほとんど。10代で性に関する本を与え、15、6歳ごろには避妊具を与えつつ、親子がまじめに性に関する話をするという環境で育つ。

また、世界ではじめて安楽死や、同性の結婚を認めた国としても知られる。

さらにオランダ人には、異宗教や異文化をもつ人たちに寛容な精神がある。首都アムステルダムの住民の国籍は、200カ国以上だ。17世紀ごろ、宗教上の理由で迫害されて母国から逃げてきた人々を保護してから、オランダでは寛容の精神が養われてきた。それが、国の姿勢にも表われているのだ。

そして、「禁止するよりもベターだ」と考えた政策は、実際にその効果もある。若者は禁止されると興味をもつ傾向があり、禁止されているアメリカよりも10代の大麻の使用率は低く、10代の妊娠率・中絶率・性病率はアメリカよりもオランダのほうがかなり低いのだ。一見、おおらかなようにみえるが、現実主義的なオランダの政策は成功しているといえるだろう。

♠企業が自転車代を補助

アムステルダムの街は、クルマや歩行者より、圧倒的に自転車の数が多い。駅にはびっしりと自転車が並んでいる。なかには、荷物などをのせる大きなカゴ（箱）がついた自転車もある。そこに子ども、犬をのせてさっそうと走る人も少なくない。

オランダは一人あたりの自転車保有台数が世界一で、平均1・1台の自転車をもつ。国土のほとんどは海抜以下でアップダウンが少なく、企業が従業員に自転車購入費やメンテナンス代を補助するなど、手厚い待遇もある。

海抜が低いため、地球温暖化は切実な問題。環境保護にもなり、小回りがきく自転車は、アムステルダムのような小さな街にぴったり。オランダ人にとって、自転車は欠かせないアイテムなのだ。

オランダの代表的人物

ヨハン・クライフ

（1947年～）

元サッカー選手。オランダ代表としてワールドカップで活躍し、欧州年間最優秀選手賞（バロンドール）を3度受賞した名プレイヤー。現役時代の得意技「クライフターン」は、現代サッカーの基本テクニックのひとつとなっている。引退後は、指導者や監督として活躍している。

ルクセンブルク

世界一の金持ち国家で、大食漢

DATA
・首都：ルクセンブルク
・人口：52万4853人
・面積：2586㎢（佐賀県くらい）
・言語：ルクセンブルク語、フランス語ほか
・宗教：カトリックほか

♠外資系を誘致した金融国家で、とてもリッチ

「ルクセンブルクってどこにあるの？」というのが、多くの日本人の反応だろう。しかし、一人あたりのGDPは、ダントツの世界第1位で約11万6000ドル（約1160万円）。つまり、世界一稼いでいる金持ちの国なのだ。

そのおもな産業は金融だ。金融秘守規制のあるプライベートバンクが多く、政治情勢が安定していること、資産が保証されていることなどから、世界でもっとも安全といわれるほど信頼性が高い。そのため、富裕層のお金が世界中から集まるのだ。

お金のある国は、教育が充実している。ルクセンブルクでは、なんと大学生のい

る家庭へ毎月1300ユーロ（約17万円）が支給される。そのうちの半分は国からの支援、残りは国が安い金利で貸してくれるのだ。多くの学生は周辺国の大学へ進学しているが、「仕送りもこれでまかなえちゃうのよ〜」と微笑む親が多い。ルクセンブルクの学生はお金をもっていて、「外食もよくしているよ」と言うくらいだ。

子育て支援も熱心で、子どもがいる家庭の税金を免除したり、補助金を支給してくれる。たとえば、子どもが10人いるビッグファミリーであっても、年収が1000〜2000万円ほどあり、クルマを3台所有するといった裕福ぶりだ。

高速道路の通行料は、もちろんタダ。隣のドイツの高速道路は夜になると真っ暗になるが、ルクセンブルクに入るとオレンジ色の灯りがついていて明るい。

その一方で、ルクセンブルクの対外債務は巨額だ。国別に見ると、日本の2兆ドルと大差はない。だが、人口比率でみると、一人あたり424万ドルほどとなる。世界ランク2位のアイルランドさえ一人あたり52万ドル。借金は飛びぬけて多い。

この要因は、財テク推進型の金融立国だから。つまり、巨額のお金を外国から借り入れ、高利回りの金融商品に投資しているのだ。これは、資源や産業、人口が少ない国が財政を支えるためによく使われる手法である。人口が少ないから、一人あたりの借金はどうしても大きくなってしまう。ある意味、避けて通れない結果だ。

♠「この人と何語で話す?」がすぐ判断できる

ルクセンブルク人はまず、初対面の人に対して「この人とは何語で話そうかな?」と探ってくる。相手の母語、話せる言語、相手が話したい言語は何か、自分は何語で話せばよいか、意志がどの程度通じればよいかなどを考えて、いちいち言語選択をする。そして、相手が変わるたびに、言語を変えて会話するのだ。

これは国内で、ルクセンブルク語やフランス語、ドイツ語、英語など、複数の言語が使われているため。幼稚園ではルクセンブルク語、小・中・高校までにフランス語とドイツ語、英語を学ぶ。3、4カ国語を巧みに使い分けるのは朝飯前だ。

多言語国家はほかにもあるが、話す相手によって巧みに使い分けるのは、ルクセンブルク人の特長といえる。ベルギーやスイスなどは地域によって話す言語が異なるが、ルクセンブルクは地域別に分かれているわけではなく、混在しているのだ。

住んでいる人の半数近くが外国人で、その国籍は160カ国にのぼる多国籍社会である。さらに、フランス、ドイツ、ベルギーといった隣接する国々から、仕事で毎日5万人くらいが通勤してくる。昼間は外国人率が60%を超えるので、なおさらだ。

映画を観るのも大変である。アメリカ映画の音声は、英語で字幕はドイツ語とフ

●各国の外国籍人口の割合（「世界の統計2013」）

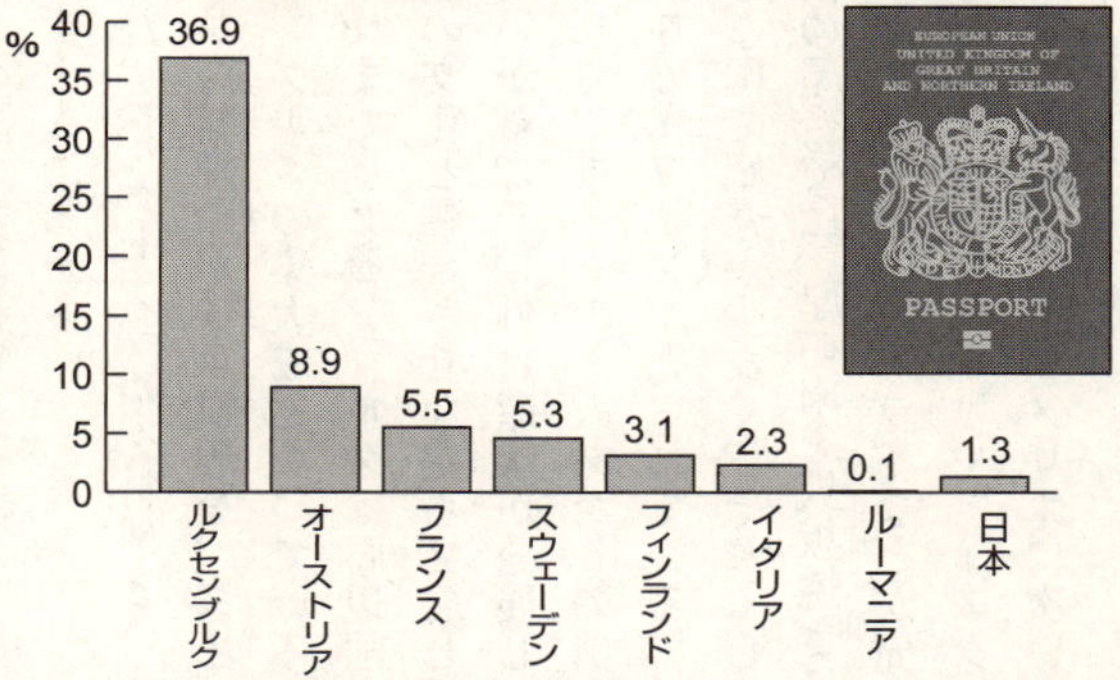

ルクセンブルクは外国籍の人口の割合が圧倒的に高く、160カ国以上の人が集う

ランス語を併記。もしくはドイツ語に吹き替えられて字幕はフランス語となる。子ども向けの映画は、ルクセンブルク語のみといった具合だ。

♠星つきレストランが多く 美食家で大食い

国土は日本の佐賀県ほどで、店も少ないので、人々は「暖炉を買うならココ」、「この店の料理がおいしい」といった情報ツウになる。ショッピングに出かけると、友人にばったり会うこともしばしば。なにしろ、小さな国だからだ。

そんなルクセンブルクは、美食の国だ。首都ルクセンブルクにはミシュランの星つきレストランが数多くあり、国民一人あたりの星の数は世界一を誇る。ルクセンブルク人は外食が大好きで、週末に家族で外食することが多い。

ただ、「ルクセンブルク料理といえばこれ」というものはない。しいて言えば、フランス料理やドイツ料理を、スイスやベルギーの質の高い素材でつくる、ヨーロピアングルメの集大成となっているのが、ルクセンブルク料理といえる。

これまでルクセンブルクは周辺国から侵略されながらも新しい文化を取りいれ、自国の文化と融合させながら発展してきた。経済力も購買意欲もあり、食への関心が高いからこそ、外食産業が発展していったのだ。

そして、ワインの一人あたりの消費量は世界第2位。路上など、あちこちでカップ入りの赤ワインが売られている。ワインやビールを飲みながら語らうのが好きだ。小さな国で娯楽が少なく、それくらいしか楽しみがないのもあるだろう。

街の屋台では、厚い肉を鉄板焼きにしたサンドイッチや、厚いハンバーガー、マッシュポテトを揚げたフライなどが売られ、ルクセンブルク人はそれらをガッツリ食べる。デザートのケーキやアイスクリームはビッグサイズだ。一人あたりの1日のカロリー摂取量が、アメリカに次いで世界2位というのも、うなずける。

♠他人を警戒し、国と仲間は大切にする

初対面の人やビジネスでの付き合いは、クールで警戒心が強いといってもいい。幾度も侵略された歴史からか、よく知らない人に対してはオープンではない。親しくなるまでには、努力と忍耐が必要だ。ただし、教育水準は高く、礼儀正しい。

また、ルクセンブルクは世界で唯一、大公が治める立憲君主制国家だ。大公とは、国を治める主君の称号。王族の王以外の人や、分家の長などが称し、ルクセンブルクはオランダ王を主君としていた。かつてはオーストリア大公、モスクワ大公などがあったが、今ではルクセンブルク大公のみとなった。

そのロイヤルファミリーは国民に愛されていて、結婚式などは盛大に祝ったりする。歴史ある大公を国をあげて大切にしているのだ。

ルクセンブルクの代表的人物

フェリックス・ド・リュクサンブール

(1984年〜)

アンリ大公と、キューバ生まれの妻マリア大公妃の次男。イケメン公子として日本でも話題になった。大公世子である長男のギョームもイケメンで人気があり、国民に愛されている。アンリ大公家は世界のロイヤルファミリーのなかでも子だくさんで、ほかに弟ふたりと妹ひとりがいる。

ドイツ

まじめで時間は厳守、周囲の評価を気にする

薄毛率が高く
ボウズでゴマ
かす人も多い
神経質で
細かいこ
とを気に
する
ガッシリ体型で、
服装はちょっと
イケてない

●時間にはとにかくウルサイ。そのため、時計はかならずしている

DATA

- **首都**：ベルリン
- **人口**：8175万人
- **面積**：35万7000㎢（日本の約94％）
- **言語**：ドイツ語
- **宗教**：キリスト教（プロテスタント、カトリック）、ユダヤ教

ケチ？ エコ？ 自然が大好きなドイツ人

世界一ドケチなのはドイツ人だ。たった1杯のビールで軽く2時間はバーに居すわる。趣味はお金のかからない散歩で、どんなに好きな人とのデートでも割り勘だ。女性は化粧をあまりせず、たまに使う化粧品も自分でつくったりする。シャンプーは水で薄めて使い、シャワーはぬるま湯でサッと済ませるなど、とにかく徹底している。

買い物はメモを用意し、衝動買いはしない。看板広告には規制があり、社会全体で「衝動買いをしない、させない」ようにしているのだ。「今買えば、これがついてくる」といったおまけや割引にもつられない。ほんとうに必要かどうか十分に吟味してから購入する。商品の価格は徹底的に比較し、少しでも安く買おうとする。

このように、ドイツ人は生活にお金をかけようとしない。もちろん、オランダと同様、キレイ好きなゲルマン民族が祖先であること、質素・倹約をつねとするプロテスタントのカルヴァン派という宗教の影響も大きい。きびしい寒さや農業に適さない土地といった、過酷な環境に生きてきたドイツ人が、快適な生活を求めた結果、キチッとした性格になったといえる。じつに合理的だ。

そんなドイツ人はエコへの関心が高い。「環境にやさしい」とか「環境を守る」といったうたい文句のある商品やその企業は、つい応援してしまう。環境マークがついてないと商品が売れないこともある。ドイツは18世紀から環境保護を考えていた環境先進国。日本と同様に資源が乏しく、「資源はみんなのもの。かぎりある資源を子孫に残すため、有効に使おう」という考えが強いのだ。

また、ドイツ人にとって森や自然は神聖な場所である。森や泉には精霊が宿るという信仰が根づいていることも影響しているのだろう。都会には公園が多く、地方に行けば何十キロメートルと続く奥深い森がある。ドイツ人は、こうした場所を散歩するのが大好きだ。2、3時間は余裕で歩く。雨の日でも、ベビーカーを押しながらでも、えんえんと歩いている。サイクリングもさかんで、自転車にはお金を惜しまない。

散歩やサイクリングを好むのも、自然に触れ、環境を守りたいという気持ちの表われ。ケチだからこそ無駄な消費をせず、環境大国になれたという側面もある。

♠時間厳守は、できるヤツと思われたいから!?

ドイツ人は時間を守る。決まった時間に出勤し、たとえ仕事が残っていても終業

●バカンスが中止になったら引きこもるドイツ人

バカンスに行けなくなると、自宅にこもってその期間を過ごす

時間になると迷わず帰る。とにかく時間厳守で生きているのだ。

万が一、時間通り終わらないと、「あいつはできないヤツだ」と評価されることを恐れている。

また、ドイツ人は1日の行動計画をしっかり立てて順番にこなすのが得意だ。「やるべきことを把握し、時間配分をして計画的に過ごすことが、生産性の高く効率のよい暮らしだ」と思いこんでいて、この価値観が生活のベースにあるといっていい。

休暇も計画的でなくてはならない。予定通りに休暇に出かけることは、「収支のバランスがよく、生活も計画通りに運営されている」という証拠になるのだ。

もし、事情があってバカンスに行けなくなったら、周囲には「イタリアに行くのさ」と言いつつ、2週間分の食料を買い込んで、家のなかに閉じこもる人もいる。

これは、家事でも同じこと。きちんとプランを立てて掃除や洗濯をする。キレイ好きで、ガラス窓はピカピカ。Tシャツや靴下にまでアイロンをかける。これも、周囲の人に対して「しっかりと計画的に生活をし、家の中のことにもこれだけ手をかけていますよ」ということをみせるためだ。

ドイツでは、冬を乗り越えるために、食料などを計画通りに消費して生活しなければならなかった歴史が長い。また、地域における共同組合で、「誰が信用できるのか」をたがいにチェックする習慣が古くから存在していたことも、ドイツ人の気質に大きく影響しているのだろう。

♠まじめだけど、恋愛の展開は早い

日本人に似ていてまじめでシャイなドイツ人。「愛している」、「キミに夢中だ」とすぐに言うフランス人やイタリア人などと違い、「愛している」という言葉を軽々しく使わない。とても重い言葉なので、何度かデートを重ね、この人は自分のほんとうのパートナーだと確信してはじめて「愛している」と言う。

だが、ここからの展開は早い。おたがいの愛情を確認しあったら、すぐに同棲する人が多いのだ。デートでの宿泊代、食事代の節約も兼ねつつ、1分1秒でも長くいっしょにいたいという気持ちの表われ。かといって、ふたりの将来が決まったわけでもない。ドイツ人はずっと先のことを約束するのを好まない。要は約束を破りたくないので、「ずっといっしょにいるよ」なんて、めったに言わないのだ。

恋人のいないドイツ人は、恋人獲得に奮闘する。新聞やテレビ、雑誌、インターネットなど、あらゆるメディアを使って「恋人募集中!」と猛アピール。自分の年齢や職業と、「25〜35歳まで、身長は170センチ以下、社交的な女性を希望」など、条件を具体的に書く。運命の相手はお金を使ってでもがんばって探すものなのだ。

♠料理は質素。食材は少ないが種類で勝負!

ドイツといえば、やはりビール。ビールの国民一人あたりの年間消費量はチェコ、オーストリアに次いで、世界第3位。1年間に一人あたり107リットルも飲む。大瓶に換算すると170本にのぼる計算だ。

ところが、ドイツ人の食事はいたって質素。ドイツ料理といえば、ソーセージやドイツパン、ジャガイモ料理、ザワークラウトなどが知られている。ザワークラウトは、キャベツを塩で漬けて乳酸発酵させたもので、ほんのりすっぱく、付け合わせなどに使われる名物料理だ。これらは、もともと保存食。とくに北ドイツは土壌に恵まれず、食材も乏しく、料理も発展しなかった。自動車などの工業国として経済力もあるドイツだから、食材を仕入れればいいのに、それはしない。

じつは、食事にあまり興味がないのである。家事は掃除・洗濯を優先していて、料理に時間をかけることはほとんどない。食事は簡単に手早く済ませるものと考えている。温かい料理は1日1回。朝と夜は、パンにハムなどをのせるだけの冷たい食事だ。会社員は、夜に温かい食事をする人も多いが、昼に帰宅して、肉やジャガイモなどの温かい料理を食べるのが一般的。外食はめったにしないのだ。

そんななか工夫してきたのは、種類を増やすことだ。ソーセージは1500種類以上、ドイツパンは500種類、菓子パンまで含めると1200種類にもなる。ジャガイモも同じ。日本人が使うのは男爵イモかメークインくらいだが、ドイツには50種類ものジャガイモがあり、「あれはうまい。これはダメだ」とこだわりも強い。

♠ルールが大好き、でもタバコのポイ捨てOK

決まりごとが好きなドイツ人は、マニュアルやルールにのっとって業務を進めて

●ドイツのソーセージの種類

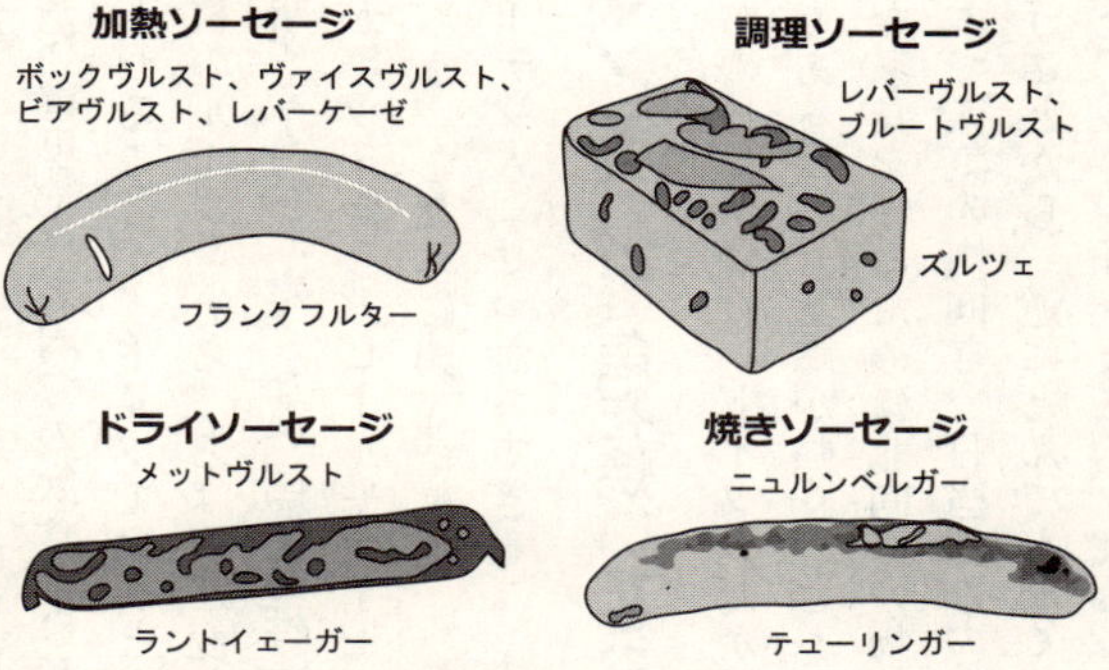

肉の種類や挽きかたなどに違いがあり、種類が豊富

いく。例外はほとんどない。ドイツ人の辞書に、臨機応変という言葉は存在しないのかもしれない。柔軟に対応していたら、計画通りには進まないからだ。

ルールにはとにかくきびしい。たとえば、禁煙エリアでタバコを吸っている人がいたら、遠慮なく注意する。だれかが「ここではタバコは吸えません」と注意し、その男性が無視すると、バス内のほかの客たちも「タバコを消してください」と口々に注意しだす――そんな具合だ。

道でポイッとゴミを捨てようものなら、ドイツ人の子どもから「ゴミはゴミ箱に捨てて！」と注意されかねない。

でも、なぜか道にタバコをポイ捨てするのはOKらしい。歩きタバコをしている人が多く、道端にはタバコの吸い殻がいっぱいだ。犬のフンもいっぱい落ちている。

また、電車やバス内での飲食もOKで、立ち食いもアリ。日本なら「行儀が悪い」と思われることが、ドイツではおとがめなしなんてことも結構あるのだ。

独自のルールをもち、ちょっと変わっているといわれるドイツ人男性は、なんと「一夜をともにしたくない国の男性」で、世界1位にランクされている。理由は、体臭がキツイから。ビールやソーセージ中心といった食生活も大きく影響しているのだろう。ちなみに調査結果は、2位はイギリス人（ものぐさすぎる）、3位はスウェーデン人（せっかちすぎる）、4位オランダ人（粗暴すぎる）と続く。

♠マンションで魚を焼いたら通報される!?

財布のヒモがかたいドイツ人だが、家具や住まいにはお金をかける。家具は一生ものであるという意識が強く、どっしりとした重厚感のある家具を好む。住居は、大事な家具を守るために北向きの物件が人気だ。

日本で人気の南向きで日当たりのいい部屋は、日が当たって大事な家具が傷んでしまうことから、逆にとんでもなく不人気な物件なのだ。

また、ルール好きなドイツ人らしく、マンションのような集合住宅では、住まいの規定がとくにきびしい。昼の1時から3時、夜の7時から朝7時までは音を出してはいけない。なぜなら、昼間は高齢者のお昼寝タイム、夜は家族で過ごす時間だからだ。さらに、ベランダに決まった花を飾る、花を枯らさないといったルールが当たり前のようにある。

ルールを守らない人がいると、警察官が飛んでくることもある。ドイツでは魚を焼くニオイでさえ問題となってしまう。ドイツ人は魚をあまり食べないので、「臭い」としか思えないらしい。

入居者に外国人が増えて、音やニオイの問題に耐えられなくなると、ドイツ人のほうが引っ越してしまうという。

ドイツ人とのトラブルを避けるなら、お土産作戦がいちばん。ドイツ人はプレゼントに弱い。とくに日本のものはめずらしく、重宝がられるのである。

ドイツの代表的人物

ミハエル・シューマッハ

(1969年～)

自動車産業のさかんなドイツだからか、Ｆ１レーサーが多い。そのひとりがミハエル・シューマッハだ。チャンピオンドライバーに輝いているが、高飛車な態度が反感を買い、ドイツでの人気はイマイチ。現役F1レーサーにはニコ・ロズベルグ、セバスチャン・ベッテルなどがいる。

オーストリア

プライドが高く、あまり働かないセレブ

DATA

- **首都**：ウィーン
- **人口**：約842万人
- **面積**：約8万4000㎢（北海道とほぼ同じ）
- **言語**：ドイツ語
- **宗教**：カトリック、プロテスタント、イスラムほか

♠オーストラリアと間違えないで！

オーストリア人は、陽気でのんき。「ゆっくりズム」のマイペース主義で、「なんとかなるさ！」と、なにがあっても楽天的にとらえるのを得意としている。オーストリア人の気質は、「ゲミュートリッヒカイト（のんびりとしたおだやかさ）」と表現されるほど。学校でも職場でも、いつもニコニコとしていて楽しそうだ。

オーストリアは、貴族であるハプスブルグ家が支配してきた。13世紀から約650年間にわたって中央ヨーロッパを支配し、ハンガリー人やチェコ人を働かせて自分たちは楽しく踊って暮らしていた。そうした娯楽好きなハプスブルグ家によ

る影響もあって、チェコやポーランド、ハンガリー、イタリアなど周辺諸国の文化を吸収しながら、独自の文化やオーストリア人の気質を得ていった背景がある。

気安さと明るさをもちつつも、ハプスブルグ帝国の栄光も忘れない。今でも「貴族の国だった」というプライドが高いのだ。

そしてひそかに、「みな平等じゃなければいいのに」と思っている人がいる。貴族の称号は廃止されたが、有名な貴族の姓は今も残っている。もちろん、あからさまな差別は減ったが、外国人に対してはとくにきびしい目を向けることもある。

また、ドイツと間違えられるのは屈辱だと思っている。19世紀にドイツが国家として統一される際に、オーストリアは国としての主義や方向性の違いなどからドイツ統一から排除されたといった、歴史も影響している。たとえば、当時のドイツ生まれである作曲家モーツァルトは、生涯の大半をウィーンで過ごしたので、「ドイツ出身だ」と紹介されるのはがまんならない。一方で、じつはオーストリア出身だが、ナチス・ドイツの総統ヒトラーはドイツ出身ということにしている。

さらに、オーストラリアとも間違われたくない。観光客から「カンガルーはどこにいますか?」と聞かれることに嫌気がさしたオーストリア人は、ジョークも含めて、空港や土産物屋などで「カンガルーはいません」というTシャツを売り出した。

英語表記では「European」（ヨーロッパの）と、わざわざ入れるくらいだ。

♠ショップ店員のいい加減さはダントツ

ウィーンは、「生活の質が高い都市」世界ランキング1位だ。4年連続のトップである（2012年時点）。文化的な名所や医療機関が充実していること、年間パスを利用すれば1日1ユーロで利用できる交通機関などがあり、暮らしやすさで高い評価を得ている。

にもかかわらず、買い物では「オーストリア人のいい加減さ」との戦いになる。ほしいソファーやテーブルがあり、店員に「これください」と言っても、正しい商品が手に入るとはかぎらない。「在庫はありますか？」と聞くと、調べもせずに「ない」と言う。どうにか在庫をもってきてもらうと、型は同じだが色違い。注文して届けてもらったら同じシリーズの違う型、なんてことはしょっちゅうある。

普通に買い物をしたくても、「あーでもない、こーでもない」と、商品とはなんの関係もない店員の、他愛ない話を聞くハメになる。そんなことは日常茶飯事でオーストリア人は気にもしない。「ま、こんなもんだ」で終わりだ。

これを細かなことは気にしないおおらかさ、といえば聞こえはいいが、じつは無頓着で無関心、「他人よりも自分がいちばん大事」な性格なのだ。

さらに、オーストリア人はめんどうを避けるために、あいまいな返事をすることがある。物事をはっきり言う、同じゲルマン民族のドイツ人とは明らかに異なるタイプだ。とくにウィーンの人は、「オーストリア、とくにウィーンは美しい街だ」という思いが強い。高貴で優雅な国だからこそ「ガッツガッツせず物事をはっきり言わないことが美しい」と思っている。一応、相手に配慮する気遣いもあり、まるで京都の人のようなのだ。

ほかの土地をあまり知らなくても「ここがいちばん」と思っていて、「貴族の血が流れている」、「歴史・文化・気品があるから世界遺産が多いのは当然」、「観光客が多いのがちょっとイヤだ」なんて思っているところも、京都・奈良人と似ている。

♠地域ごとにまったく異なる気質

オーストリア人は、地域ごとに違う気質をもっている。ウィーン以外の人からみると、「ウィーン人は、無礼で横柄でいつも不機嫌」らしい。ウィーンでは、避暑地で有名な南部のケルンテンや西部のチロルの人たちのことを、「調子がよくて信用ならない」と言う。要するに、「あっちより自分たちのほうがすぐれている」と言いあっているのだ。それぞれの地には、それぞれのプライドがある。ウィーン人といっしょにされると、はっきりと嫌がるザルツブルグ人もいるくらいだ。

伝統的なウィーンっ子は、ワインを浴びるほど飲みながら、ワルツを踊り、夜を明かす。見知らぬ人もいつの間にかその輪に入っていて、異なる文化や異国の人を受け入れて、新しいものを吸収する柔軟性をもっている。

雪の多いチロル地方の人はケチで有名。夕食にハンバーグが出ただけで「今日はなんのパーティー?」となる。スキーではリフト券を買うのがもったいなくて、スキー板を担いで登る。それがめんどうくさいと、クロスカントリーが流行る。

こういう倹約気質は、長い冬を乗り越えるために身についた習慣だ。クルマもスーパーもある時代だがDNAにすり込まれた記憶はなかなかぬぐい去らないようだ。

また、過去にドイツに併合されたり、アメリカやイギリス、フランス、ソ連(現在のロシア)に分割占領されていた時期がある。そうした歴史が、それぞれの地域の人柄や考えかたの違いに影響を与えている。

そんなオーストリア人は、慈善事業や寄付に熱心だ。貧しい人たちを支援するためのスーパーマーケットもあり、賞味期限が近い、パッケージが破損しているなどの、いわゆる「訳あり品」を、貧しい人たちを対象に市価の30%引で販売している。

●各国の労働時間数（「世界の統計2013」）

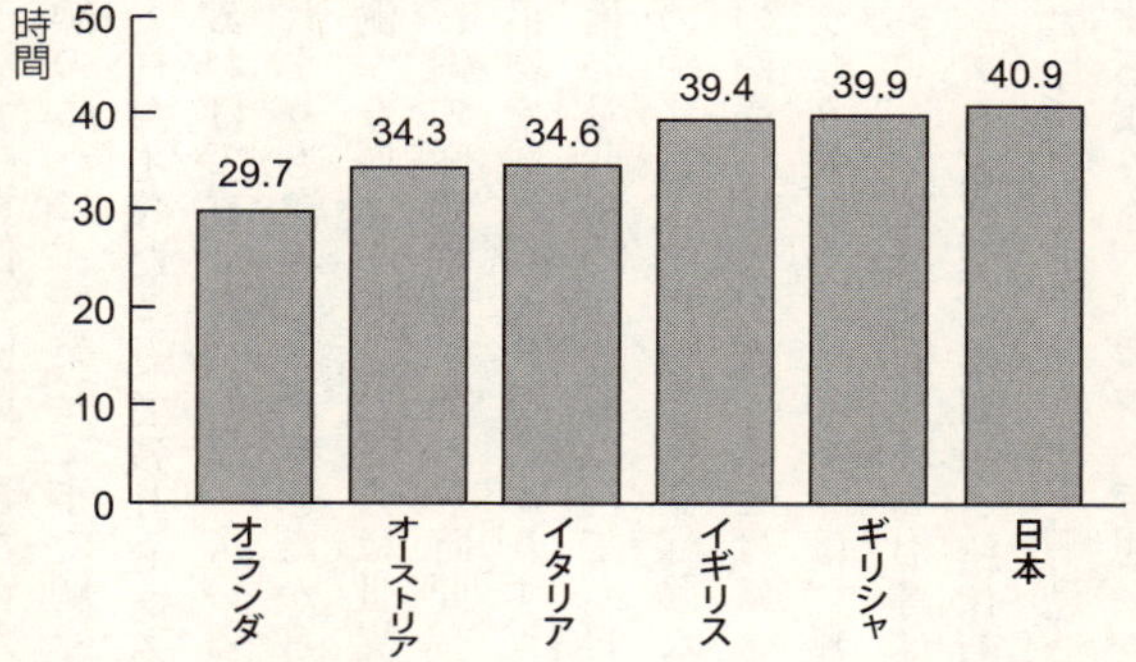

オーストリア人は南欧の国よりも働かない

もちろん、この支援団体の運営は寄付金でまかなわれている。こうした支援があちこちで行なわれているのだ。

♠仕事よりバカンス重視な働かない人々

オーストリア人は、勤勉とはいえない。時間通りに物事が運ぶことは滅多にないし、「○時に修理に来てくれ」と約束しても、約束の時間には、まず来ない。「この書類準備しておいて」と依頼しても、やっていないことが多々ある。注意すると「聞いていない」と開きなおり、自分の非を認めることはない。

だが、メールや書面などで依頼して証拠を残すようにすると、責任をもって業務をこなす。責任を回避できないからだ。

当然のように、残業してまで働く必要はないと考えている。第一次世界大戦のころまで社会主義だった名残りもあるのか、「一生懸命仕事をしても、給与がさほど上がるわけでもない」と思っている。

それよりも遊ぶことが好きだから、あんまり働かない。バカンス好きな南欧の人より働かないオーストリア人は世界で2番目に労働時間が短い。世界一短いオランダは、週の労働時間が29・7時間、次いでオーストリアが34・3時間と続く。日本人の平均である40・9時間よりずっと短い。しかし、給与面をみると、オーストリア男性の月収平均が約37万円で、日本男性の月収約33万円を上回るのだ。ただし、給与の約4割は所得税や失業保険などで天引きされる。消費税は、基本的食品など一部の商品は10％だが、あとはほとんどが20％であることを考えると、税による負担がかなり大きく、その多くは、無料となっている医療費や教育費にあてられる。

さらに、オーストリア人は仕事よりも、友人や家族との時間を大切にする。夏のバカンスも重要だ。年間の有給休暇は平均で1カ月以上もあり、「北欧を旅行してくるね」とか、「キャンピングカーでヨーロッパ各地のキャンプ場をまわる」という。貯蓄するよりも、バカンスで思いっきり楽しむ人が多いのだ。

♠フェイスブックの影響？ 高い離婚率

オーストリアは、離婚率が高い。ウィーンにかぎってみれば、3組に2組は離婚するという世界でもトップクラスの離婚率だ。結婚から平均10年で離婚し、その約25％は5年以内に離婚している。

明るいオーストリア人だが、意外にシャイで、積極的に女性に声をかける男性は少ない。そのためか、近年ではフェイスブックを通じて知り合い、結婚するケースが急増した。オーストリア統計局は、「離婚が多いのはフェイスブックの影響もある」としている。浮気する機会も増えたというのだ。

実際に、オーストリアで離婚したカップルのうち、約1割はフェイスブックの影響という調査結果も出ている。それだけ、浮気性の人が多いともいえるだろう。

オーストリアの代表的人物

アーノルド・シュワルツェネッガー

（1947年～）

映画俳優であり、政治家。ボディービルをするために渡米した、オーストリア生まれのオーストリア系アメリカ人。映画「ターミネーター」シリーズがヒットしてアクション映画俳優の地位を築き、日本でも人気となった。2003年から2011年までのあいだ、カリフォルニア州知事を務めた。

スイス

なんでも国民投票で決め、自立を好む

◆他文化を受け入れない、まじめな倹約家

スイス人は保守的で、警戒心が強い。そのため、「スイス人は取っつきにくく、冷たい人たち」と感じる人もいる。仲良くなれば親身になって助けてくれるが、それまではシャイでかたぶつだ。争いの多いヨーロッパの中で中立国を選択した国であることから、異常なほど愛国心が強く、プライドが高い。山に囲まれている地形もあり、島国のような感覚をもっている。

「スイスの文化や習慣は最高!」、「自分の国は自分で守る」と考えているから、他の文化を受け入れず、排他的だ。国内の外国人によって国を乱されてはたまらない

DATA

- **首都**：ベルン
- **人口**：787万人
- **面積**：4万1000㎢（九州よりやや大きい）
- **言語**：ドイツ語、フランス語、イタリア語ほか
- **宗教**：カトリック、プロテスタントほか

から、新しいものや異質なものを警戒する。

そして、日本人のことさえルーズだと思えてしまうほど、勤勉でまじめな倹約家。掃除が大好きで、きちんとしていないと気が済まない。日本人と結婚したスイス人が、日本人に対して不満に思うのは、「ほしいものをすぐ買う、計画性のなさ」、「靴が散らかっている玄関など、整理整頓をしないこと」だという。

また、討論や議論が好きで、それが娯楽のようになっている。他国やスイス国内の別の地域をブラックジョークで揶揄《やゆ》する人も多い。嫉妬や強がりもあるが、自分の言いたいことを言い、率直な議論を交わすのは楽しみのひとつなのだ。

♠心配性で、全国民分の核シェルターを用意

スイスには、地域によってドイツ語、フランス語、イタリア語、レート・ロマンシュ語（ロマンシュ語）を話す人がいる。使う言語ごとに人々の気質が異なる。

いちばん多いのはドイツ語だ。そのため、ドイツ人気質をもつ人が多い。心配性のドイツ人と同様に、あらゆる心配事を想定して備えている。それが高じて、核シェルターも国民全員分を用意しているくらいだ。一般的な家庭に核シェルターとしての地下室があり、そこに自動小銃と、有事に備えた1年分の食料が保管されている。

フランス語を話す人たちはフランス人気質で、「自分たちが最高！」と考える。そして、ドイツ語エリアの心配性のスイス人をみて、「夢がないなぁ」と心配している。イタリア語を話すスイス人は、おおらかでなにも心配しないが、人口の10%にも満たないので、他の言語を話すスイス人たちは気にならないようだ。

また、スイス国内では、むき出しの自動小銃を手にバスに乗り込む人がいて、ビックリすることがある。そう、スイスは国民皆兵制なのだ。女性は任意だが、男性の場合、20歳を過ぎたら2、3年に1回の割合で徴兵訓練に参加する。いざというときには民兵となるため、各家庭で自動小銃を保管する。42歳をすぎると訓練を受けなくてもよくなる。そうなったら、軍に自動小銃を返すというしくみだ。

以前は、自動小銃と一緒に弾薬も貸与されていたが、銃による自殺問題などにより、2007年からは自動小銃のみを家庭に預けることになった。ふだんは弾薬を持っておらず、有事で召集されたときに弾薬が手渡されることになっている。中立国を貫いているスイスは、他国から攻められても助けてもらえない。国は自分たちで守るという強い思いから、国民は軍人になることを覚悟して生活しているのだ。

ちなみに、スイスはヨーロッパのど真ん中にありながらもEUに加盟せず、通貨もスイスフランを通すという、わが道を行く国。16世紀にフランスとの戦争で大敗

●スイス人が投票で決めたこと

- 国連への加盟
- 最低賃金の導入
- 企業幹部への高額報酬に制限をつけるかどうか
- イスラム教寺院を建設するかどうか
- 兵器輸出禁止の是非について
- ピカソの絵画２枚を買い入れるかどうか

ピカソ

美術館にあったピカソの絵が競売にかけられそうになったが、住民の募金と投票で買い入れ、ピカソは感動したという。

してから、中立国になると決めた。それ以来スイスは、中世にヨーロッパ全土を巻き込んだ戦争が起こったときでさえ、中立を守っている。

ただし、戦っている両国に傭兵や物資の支援をして、ちゃっかり儲けているからスゴイ。したたかでもあるのだ。

♠なんでも投票で決め、結婚相手は外国人ばかり!?

スイス人は、なんでも住民投票で決める。小売店の営業時間や医療制度、有給休暇の最低日数まで投票で決める直接民主制だ。

ＥＵの非加盟も国民投票で決めたし、銃規制や軍の自動小銃の自宅保管、外国人犯罪者は国外追放にするなど、国政にかかわることまで決めている。

スイスは、カントンと呼ばれる26の自治州から成り立っているが、各カントンでもスイス連邦でも、なにかを決めるときはすべて住民投票だ。住民が自治や国政に直接参加することで、多くの自治州がある多言語国家をひとつにまとめている。

もうひとつ、スイス人の特徴をみてみると、国際恋愛率が世界トップクラスである。スイス人女性の70%近くが国際恋愛し、全体の約40%が国際結婚だ。国内にはハーフやクォーターが多く、純粋なスイス人を探すのが大変なくらい。フランス語やドイツ語のほか、英語、イタリア語、ラテン語を学ぶ人が多く、3、4カ国語を操るのは普通である。スイスは人口の約四分の一は外国人で、語学留学するスイス人も多い。つまり、国内外で国際恋愛できる環境にあるのだ。

♠売春、安楽死、自殺ほう助が合法

スイス人は安楽死、自殺ほう助について独自の価値観をもっている。オランダやベルギーなど、安楽死を容認している国はほかにもあるが、外国人にもその機会を与えているのはスイスだけ。安楽死を目的として外国からスイスを訪れる「自殺ツーリズム」という現象があるくらいだ。

スイスは1941年に安楽死を認めた。「人権には自分の死にかたを決める権利も含まれる」と考える。もちろん、末期の慢性疾患患者などが対象で、医師のきびしい審査が必要となる。しかし、外国人の自殺希望者の受け皿となっていることも事実だ。
さらに、同性婚や売春も合法だ。売春は、なんと16歳からできるというから驚く。2013年からは「ドライブイン・セックスブース」が採用される。これは、売春婦が道路などをうろついて、客を誘っているのを不快に思っていた住民が提案し、国民投票で可決した。施行されれば、売春婦が待っているブースに、セックスをしたい男性がクルマで行って料金交渉することになるという。
中立で公明正大、そしてアルプスなどの自然が豊かなイメージの強いスイスだが、こうした意外な一面もあるのだ。

スイスの代表的人物

アンリ・デュナン

（1828〜1910年）

赤十字の創設者。1901年に世界初のノーベル平和賞を受賞し、賞金の全額を赤十字社に寄付した。戦場の負傷兵の救護を機に、敵味方の区別なく救護する赤十字社をつくった。白地に赤のクロスがある国際赤十字のマークは、出身国スイスに敬意を払い、国旗の色を反転したといわれる。

まだまだある!　西ヨーロッパ

金持ちが多く、税金も安くて悠々自適

リヒテンシュタイン　人口3万6000の小さな国だが、スイスと同盟を組んでちゃっかり守ってもらっている。オーストリアの貴族・リヒテンシュタイン家が国を運営していて、税金はタダ同然。刑務所もホテルのようだ。ハイテク産業と記念切手製造がさかんで、国民はスイス人的なところと、オーストリア人っぽいところがあり、親切な人が多い。元首は代々美術品マニアで、コレクションは世界最高クラスのものがそろっている。

モナコ　金持ちが多くて、税金が安く、「金銀を身につけて高級車を乗り回しても安全」がウリだ。だが、モナコ国籍のモナコ人は20%以下。80%以上が滞在許可をとって住む金持ち外国人である。外国人はケタ違いに金持ちなのに、税金は払いたくない人が多い。一方のモナコ人は、フランス人に似てプライドが高くて個人主義。安全がウリなので、警察の不祥事はひた隠しにする。約束は守らず、時間にルーズでのんびりとした人たちだ。

East

エリア2

東ヨーロッパ

東ヨーロッパの国々

貧しくても工夫して、明るく生活する人々

旧ソ連の圧政を乗り越えた知恵で、今も暮らしている

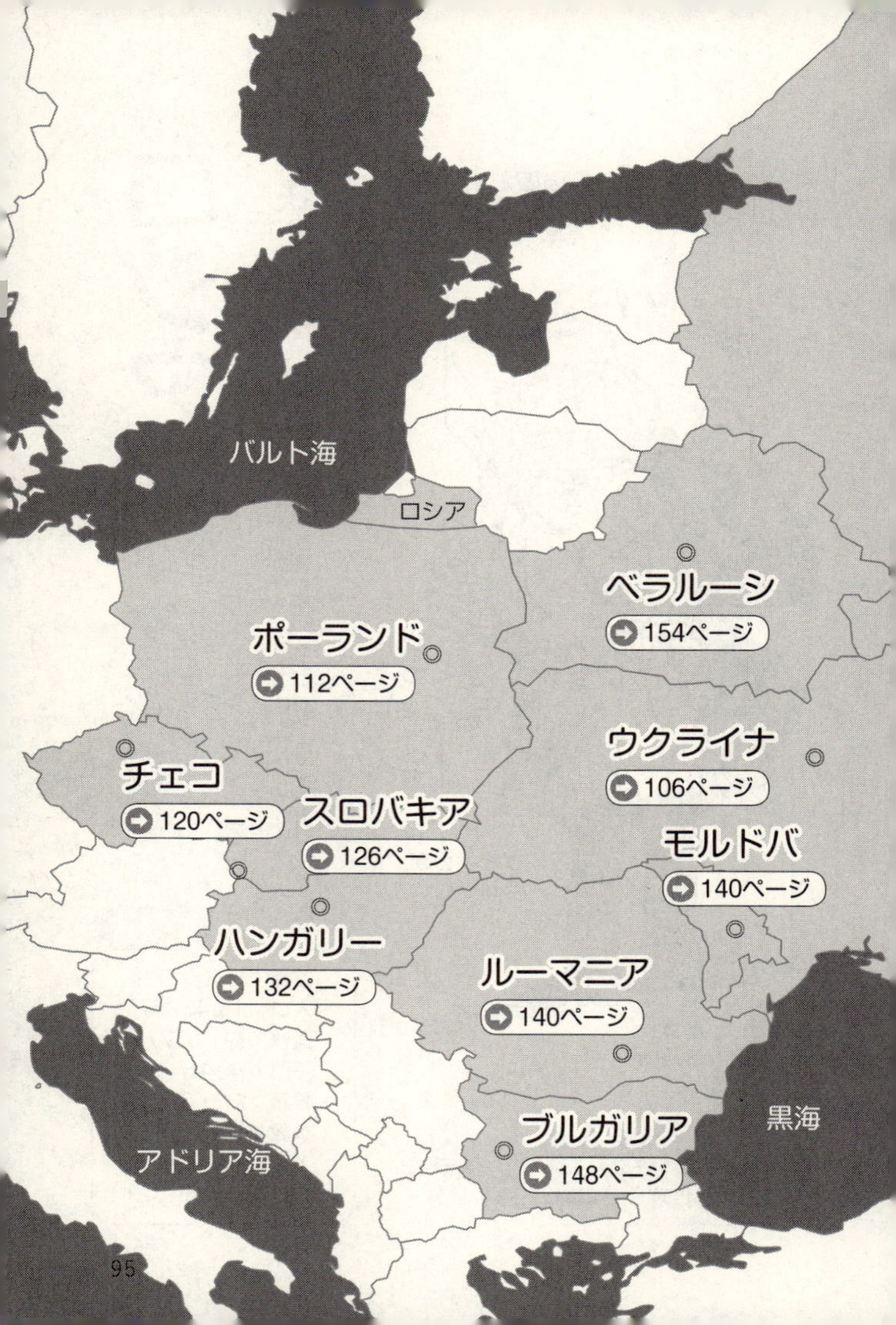

バルト海
ロシア
ベラルーシ
154ページ
ポーランド
112ページ
ウクライナ
106ページ
チェコ
120ページ
スロバキア
126ページ
モルドバ
140ページ
ハンガリー
132ページ
ルーマニア
140ページ
黒海
ブルガリア
148ページ
アドリア海

ロシア

豪快でがまん強く、太く短い人生を楽しむ

強面だが、酒が入るとよく笑う
腹の出た小太りで、ブヨッとした体型

●「オレについてこい」というオーラを出す。仁義を大切にしている

DATA

- **首都**：モスクワ
- **人口**：1億4306万人
- **面積**：約1707万㎢（日本の約45倍）
- **言語**：ロシア語
- **宗教**：ロシア正教、イスラム教、仏教、ユダヤ教ほか

♣世界屈指の男らしさを誇るロシアの男

現大統領プーチンのもと、閉鎖的な社会の中で生活し、酒を浴びるほど飲む――これが、日本人のもつロシア人のイメージかもしれない。

諜報組織KGB出身のプーチンは、国内では秘密警察の一員として働き、国外ではスパイ活動をしてきた。色白で切れ長の目が表わすように、冷静沈着な人物として知られる。そして政府への批判や非難を許さず、きびしい統制をしく。

2012年には、女性ばかりのロックバンド「プッシー・ライオット」が教会に乱入し「聖母さま　プーチンを辞めさせて♪」と熱唱したところ、政治犯として禁固2年の判決をくらった。政治批判をちょっと歌にしただけで、刑務所行きなのだ。

そんなプーチンは、柔道の黒帯を誇る。その豪傑なイメージが国民、とくに男性から愛されている。みずから新聞に筋肉ムキムキの上半身ハダカ写真を公開し、国内のゲイから「大統領さまステキ☆」と異様なまでの喝采を浴びたこともある。

ロシア人男性は、男らしく強い男が好きだ。それは、ひとえにロシアの自然環境によるところが大きい。寒冷な気候と、えんえんと広がる針葉樹林。彼らは猟銃片手にシカやバイソンと戦い、体を温めるためにウオッカの酒瓶をたずさえて、黙々と開拓してきた。また、隣接するトルコ人やモンゴル人などの異民族にたびたび攻め込まれ、押さえつけられてきた暗い歴史もある。

このような風土と歴史が、過酷な寒さと支配にも耐えられて、とにかく力強くて豪快な男を好むという、マッチョなメンタリティを育ててきたのだ。

♣ひたすら耐えて耐えて勝つ!

昔からロシア人は、とにかく辛抱強くて気が長いことで知られている。なにしろ、国の東西を一直線に結ぶ、全長1万キロ近いシベリア鉄道を、何十年もかかって開通させているのだ。時間のかかることに気長にとりくむのは、慣れっこである。

19世紀にフランスからナポレオンが攻めてきたときは、あえて逃げ回って戦闘を引きのばし、季節が冬になるまでじっと耐え、敵が寒さと物資不足で弱ったところで大逆襲に出た。第二次世界大戦でも同じ手でドイツ軍を撃退している。いずれもまさに粘り勝ちだ。

旧ソ連時代には、第二次世界大戦で敗れた日本人を、シベリアに抑留した。この「シベリア送り」は、旧ソ連の国民たちでさえも、政権に逆らえば実行されていた。

そのためロシア人は、とにかく慎重に過ごし、毎日の生活でも辛抱強さが必要だったようだ。

冷戦後は、共産主義の衰退でつねに物不足となり、ちょっとした日用品を買うのにも行列に並ばなければいけなかった。極寒のロシアでは近所でパンを一袋買うにも、Tシャツにサンダルで出かけるというわけにはいかず、遠くに旅行をするように分厚いコートを着こんで出かけ……。気長でなければやってられない。

そんなガマン強い性質を表わす自虐的なジョークがある。旧約聖書に出てくるアダムとイブはロシア人に違いない、というものだ。「服も家もないのに楽園に住んでいると言われ、それを信じているからだ」というオチだ。

交渉ごとでもロシア人は粘り強い。旧ソ連時代のグロムイコ外務大臣は、西側から「ミスター・ニエット」と呼ばれ、とにかく「ニエット（ノー）」を連発する人物だった。ロシア人はイヤなことはかんたんに相手に屈せず、いくらでも「ノー」を連発するし、勝利を得るために話を引きのばすこともめずらしくない。

♣おたがいをわかり合うには、まず裸に!?

敵に対してはとてもガードが固いロシア人だが、血縁者や友人などの身内や客人に対しては非常に情にあつく、フレンドリーでスキンシップが好きだ。

身内や親しい友人相手なら、たとえ男同士でも、あいさつのついでに派手に抱き合ったり頬にキスすることもめずらしくない。ハンガリー人やドイツ人などは温泉地でも水着を着て入浴し、他人に裸を見せないが、ロシアでは政財界のVIP同士が、わざわざ裸になってサウナに入り、一対一で深い話をすることもある。脱げばわかり合えると思っているふしがある。

さらに、ロシアには「飲食はひとりでするものではない」という考えかたがある。たまたま列車で向かいの席に座った人にもパンやお茶を分け、いっしょに飲食することがあるという。ひとりぼっちを嫌い、さみしがり屋で、とりあえず目の前にいる人を巻き込んで食事をする。にぎやかなのが好きなのだ。

ロシア人のルーツとされる東スラブ族は、何より両親を尊敬し、お客に食べ物や飲み物をふるまってもてなすのを好んだ。旅人をもてなすためなら隣の家から盗んできてもOK、という慣習があったという。乱暴なところもあるが、人情味あふれる民族性だったようだ。

自己中心的で他人に興味を示さない国が多い西欧の人々にくらべると、ロシア人はむしろ団欒《だんらん》を好み、人との付き合いを大切にするアジア的な性格と考えたほうがいいのかもしれない。サービス精神が旺盛なロシア人は、いつ、どんな時でも客を

●ロシア人が愛する酒類

ウオッカだけでも200種類以上のラベルがある

もてなすのに困らないよう、サッと出せるキャビアやスモークサーモンなどのおつまみ（ザクースカ）やお菓子を常備している。ビジネス上の席でも、チョコレートやキャンディなどの甘いものがないと話がはずまない。

♣ビールは酒のうちに入らない!?

ロシアといえば、ウオッカやブランデーなどの強い酒が有名だ。マイナス30度にもなる寒さの中で体を温めるため、とにかく酒をよく飲む。みんなアルコール度40％以上のウオッカに慣れていて、それ未満のものは酒とは呼ばない。なんと、２０１１年までビールは酒ではなくソフトドリンクとしてあつかわれ、未成年でも平然と飲んでいた。そのせいで、アル中がやたらと多い。

10代から酒を飲むロシア人男性は、平均寿命がなんと60代前半。酒びたりで体を壊し、経済不安から自殺者も増えている。その影響からか、ロシアでは20代前半ぐらいで早々と結婚する男女が多い。男はさっさと妻を得て、子どもをつくる。ただし、離婚率は日本の2倍以上で、頼りない男はすぐ奥さんに捨てられる。

ロシア人女性はスラッとしたスタイルに、透きとおるような肌をもち、とても魅力的だが、性格はおそろしくタフだ。第二次世界大戦では、男の戦死者の穴を埋めるため女性の兵士もたくさん戦場に出ていたという。旧ソ連を率いた共産党の指導者たちも、自分たちの政策のせいで、祖国のかかあ天下がますます進み、女の尻にしかれる生活になるとは思ってなかっただろう。

このように、どんなに寿命を縮めても、よく食べてよく飲み、男も女も好きになればすぐくっつき、イヤになればすぐ別れる。いわば「太く短い」人生観だろう。

もうひとつ、寒いという理由で、熱い紅茶も大好きだ。最初に濃い茶を入れ、あとからサモワールという専用の湯沸かし器で湯を注ぐ独自のスタイルがある。

日本ではジャム入りの紅茶をロシアンティーと呼ぶことがあるが、ロシアでは、

●ビッグスケールなロシア人の宇宙開発

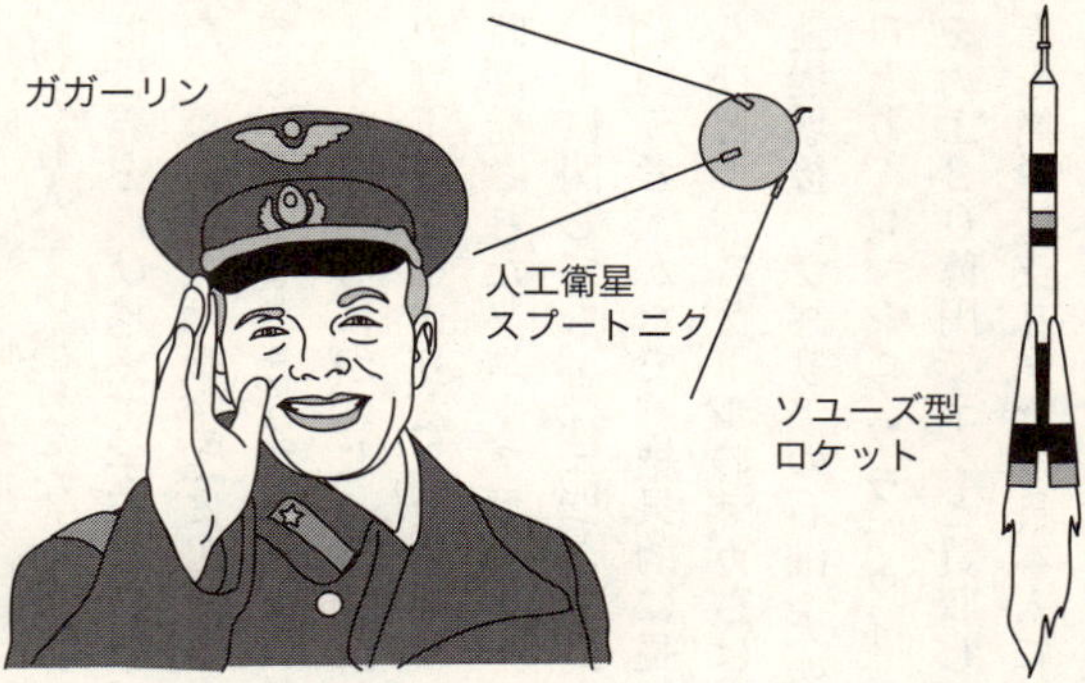

「地球は青かった」の名言を残したガガーリン

紅茶を飲みながら小皿に入れたジャムを食べる。紅茶にこだわるイギリスでは、砂糖を入れずに茶葉自体の味を楽しむべし、という人もいるが、寒さが高カロリーを求めるのか、ロシア人はジャムを食べながら紅茶を飲む。

♣考えることは宇宙規模、金払いもケタ違い

世界最大の国土面積を誇る国に住み、どこまでも見渡せる広大な平原に接してきたロシア人は、とにかくデカいことが大好きで、想像力のスケールも壮大だ。

ロシアでは19世紀からロケットで宇宙に行く方法が研究されていた。1957年に人類初の人工衛星スプートニクを打

ち上げ、その4年後には、「地球は青かった」という名言で知られるガガーリン少佐が、初の有人宇宙飛行をなしとげている。デカイ発想をもつロシア人だからこそ、思考は世界を飛び越えて宇宙に向き、その開発は世界の先がけとなったのだ。

ただ、ロシア人は緻密さに欠ける。ガガーリンは小柄な体格だったが、宇宙空間に出ても問題のなさそうな、図太い神経の持ち主だった。宇宙は未知数だから、とりあえず心身ともにがんじょうであれば大丈夫だろうという、ざっくりとした考えで、ガガーリンを送りだしたといわれている。

当時開発されたソユーズ型ロケットは、なんと半世紀たった今でも使われている。ロケットに関しても、高性能で繊細であることより、シンプルでとにかく壊れなきゃいいという考えかたで、結果的に長持ちしている。

もうひとつ、スケールのデカさは、カネの使いかたにも表われている。

ソ連崩壊後、シベリアの石油・天然ガス開発により、たくさんの成金が誕生した。そのひとり、ロマン・アブラモヴィッチは、英国の名門サッカーチーム・チェルシーFCを約120億円でポンと買収し、2度目の妻との離婚では1兆円以上の慰謝料をいとも簡単に支払った。日本人にはとうてい理解できない、超ビッグスケールな金銭感覚だ。

♣アジア人に近いロシア人

冒頭であげた大統領プーチンには、じつは意外な特徴がある。マッチョな体型のわりに、身長168センチと小柄なのだ。ロシア人にも巨漢は多いが、平均身長は175センチと、ドイツ人やオランダ人より5センチほど低い。それは、隣接するトルコやモンゴルの民族の血が混ざっているからといわれる。

日本とロシアは過去に日露戦争で戦った。今は北方領土をめぐる問題がある。東欧諸国の人々には親分肌を吹かせるロシア人も、自分たちと同じように西欧やアメリカと異なる文化圏にありながら、大きな経済発展を遂げた日本人に対しては、脅威と敬意とが入りまじった感情を抱いている。

もしロシア人と接する機会があれば、ロシア人のなかにある「アジア的な気質」に目を向けてみよう。

ロシアの代表的人物

ミハイル・ゴルバチョフ

（1931年～）

旧ソ連の最高指導者。1985年に共産党の書記長となり、経済立て直しをはかったペレストロイカ政策を進めた。1990年には大統領となったが、国内経済の悪化と共和国の分裂を止められず、ソ連解体と同時に地位を失った。1990年にノーベル平和賞を受賞している。

ウクライナ

コサック文化を愛し、女性にやさしい

DATA

- **首都**：キエフ
- **人口**：4543万人
- **面積**：60万3700㎢（日本の約1.6倍）
- **言語**：ウクライナ語（国語）、ロシア語ほか
- **宗教**：ウクライナ正教、カトリックほか

♣酒席ではかならず女性のために乾杯する

漢字やはしを使う日本は、欧米から中華文化圏の一部とみられている。これと同じように、旧ソ連圏のなかでもウクライナはロシアとは文化的な共通点が多い。だが、ウクライナ人は「ロシアの一部」とあつかわれるのを嫌う。

現代のウクライナ人で有名なのが、２０１０年まで首相を務めたユーリヤ・ティモシェンコだ。一部では世界の女性政治家きっての美人とも呼ばれていた。果敢な反ロシア派のため、政界では親ロシア派との衝突が絶えなかった。

このティモシェンコ元首相も含め、ウクライナ人の女性にはとにかく美人が多い。

黒海に面する国なので、ロシアをはじめとするスラブ系、北欧系、地中海系、さらにはトルコ系など多くの血が入りまじっているからだろうか。

女性が首相になるウクライナでは、活発で働き者な女性が多く、キエフのあちこちの路上で果物などを売るおばちゃんの姿もみられ、男性からの女性に対する尊敬の念も強い。

ウクライナ人は酒席でやたらと何回も「○○のために乾杯！」と唱和して乾杯するのだが、同席したレディたちに敬意を表して、3回目、7回目、21回目の乾杯では「女性のために乾杯！」と唱える決まりがある。

こうした女性崇拝の強いお国柄なので、今後はまたティモシェンコに続いて、政財界にカリスマ女性が登場するかもしれない。

♣イヤなことははっきりイヤと言う

ウクライナは肥沃な穀倉地帯で、北部はロシアの内陸と同じく寒冷だが、黒海に面する南部は温暖だ。とくに、保養地として知られるクリミアは、多くのセレブが砂浜で寝転がっている開放的な土地だ。こうした風土のなかに生きるウクライナ人は、イタリアやギリシャなどの地中海文化にも古くから接し、「ドニエプルのイタリア人」ともいわれる。ドニエプル川とは、黒海に注ぐ大河だ。

もともと、ロシアの原形とされる9～13世紀のキエフ公国（キエフ・ルーシ）は、現在のウクライナの首都キエフを中心としていた。この地域は15世紀ごろから、王侯貴族に属さない独立した農民や騎馬兵団のコサックが増える。

ウクライナ人には、古代のロシア（東スラブ族文化圏）の中心地だったという誇りと、コサックの独立心旺盛な気質が受けつがれている。このためか、けっして従順ではなく、わりとイヤなことはイヤとハッキリ言う性格だ。

そしてロシアの有名な文化人が、じつはウクライナ人だったという例がけっこうある。ドストエフスキーやトルストイが尊敬した作家のゴーゴリ、クラシックバレエの舞踊家として名高いニジンスキーなどもウクライナ人だ。

ロシア周辺にはいろいろな民族がいるが、黒海に面して西欧や南欧の文化も入ってくるウクライナは、すぐれた人物が多く育つ環境だったのだろう。

♣キリスト教の国になったのは、酒を飲むため!?

日本人からするとウクライナはなじみのない国だが、ウクライナ人にとっては、「コサックと日本の侍は、名誉、勇気、潔さなどの共通の価値観がある」という。

● そば生産国

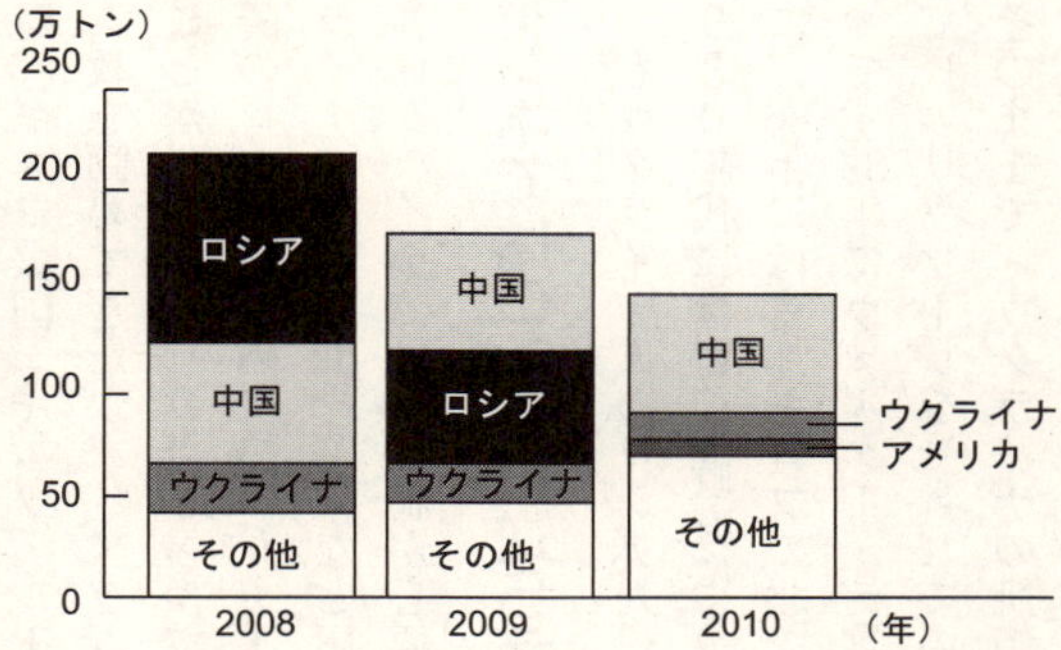

ウクライナはロシア、中国に次いでそばの生産量が多い

コサックたちは、戦いにおいては疲れを知らず、命を惜しまず、器用でもあった。現代でもウクライナ人はコサック文化への愛着が強い。昔のコサックの議会はラーダと呼ばれたが、旧ソ連崩壊後のウクライナ議会もラーダという。

また、日本とのちょっと意外な共通点をもうひとつ挙げると、ウクライナではそばが大量に栽培されている。もっとも、日本のように麺にするのではなく、カーシャという粗びきにしたそばを煮た雑炊を食べている。

ウクライナのそばは日本にも輸出されているが、日本ではそばを麺にしたり、そば殻の枕を使うのは、ウクライナ人にとっては意外らしい。

そしてウクライナ人は大の酒好きで、酒のためにキリスト教の国になった。10世紀当時、キエフ公国（キエフ・ルーシ）のヴォロディーミル公にブルガリア人がイスラム教を勧めてきたが、イスラム教に禁酒の戒律があると聞き、自分たちは酒を飲むことが生きる楽しみだと言って断わった、という話があるからだ。

お隣のロシアでは酒に酔ったまま川に飛び込んで溺死するなどの事故が多いが、ウクライナでは、公園や路上など屋外での飲酒がそもそも法律で禁じられている。つまりウクライナでは、規制が必要なぐらい酒乱の人が多いのだろう。

♣ホンネではロシアに逆らえない立場

今でもウクライナ人のロシア人への恨みの深さは半端ではない。スターリン時代の1930年代には、ソ連政府による農作物の強制徴収で数百万人の餓死者が出た。さらに、86年には首都キエフの北でチェルノブイリ原発事故が起こっている。

かつて、32年にウォルター・デュランティというアメリカ人の記者が、ソ連を取材してピュリツァー賞を受賞しているが、その内容は当時のスターリン政権の公式発表そのままで、ウクライナの飢饉にはまったく触れていない。

そのため在米ウクライナ人の団体は、２００３年に「ウォルターの記事は大ウソだ！　ピュリツァー賞を取り消せ！」という運動を起こしている。先祖の恨みは忘れないという、すさまじい執念がうかがえる。

だが、ウクライナは天然資源のほとんどをロシアから供給されており、ビジネス上の関係などから、表向きにはロシアに逆らいにくい立場にある。

さらにややこしいことに、同じウクライナ人でも西部はカトリック信徒が多くて西欧への仲間意識が強いが、東部は旧ソ連時代に入植してきたロシア系住民が多く、国民感情は反ロシアか親ロシアかで揺れている。

島国の日本では考えにくいが、これは大国と陸続きの国では避けられない悩みだろう。中国と直に接するモンゴルやチベットと似たような立場だ。

とりあえず、ウクライナ人の前では、彼らをロシア人とごっちゃにしないよう気をつけたい。

ウクライナの代表的人物

ミラ・クニス

（1983年〜）

ウクライナ生まれの女優。1991 年に家族でアメリカに移住後デビュー。2010 年公開の「ブラック・スワン」では、妖艶なバレリーナ役で観客を魅せ、ヴェネツィア国際映画祭の新人賞を受賞した。アメリカの男性誌『エスクワイア』で「もっともセクシーな女性」に選ばれたことも。

ポーランド

信心深い苦労人で、朝早くから仕事する

睡眠時間が少ないので、いつも眠そうにしている

信心深いカトリック教徒で、十字架を身につけている

道がデコボコしているせいで、ヒールの靴をはけない

●ヨーロッパのなかでは小柄な体型。夜ふかしのせいか、メガネ率が高い

DATA

- **首都**：ワルシャワ
- **人口**：約3820万人
- **面積**：32万3000㎢（日本の約5分の4）
- **言語**：ポーランド語
- **宗教**：カトリック（人口の約88%）

♣神様が休日と決めた日曜日は必ず休む

チェコやハンガリーなど東欧諸国では、社会主義をやめて以来、ポルノショップや風俗店がいっきに増えた。ところが、ポーランドではその手の店はみあたらない。売春は法律で規制されているので、隠れて営業している店を探すことになる。これは道徳的にきびしいカトリックの価値観が強いからだ。

ポーランド人の名前は「○○スキー」がわりと多く、ロシア人と似ている。しかし東欧に多い東方正教の国ではなく、カトリックの国だ。逆にポーランドのすぐ西に接するドイツ北部はプロテスタントの信徒が多い。

日本人にはピンとこないが、宗派の違いはけっこう重要なのだ。つまり、ポーランド人のカトリック信仰は「俺らはドイツ人ともロシア人とも違うポーランド人だ！」という民族意識とからみあっている。かつて、ポーランドはドイツとオーストリアとロシアに分割支配されていたが、教会の中だけはポーランド語が使えた。社会主義の時代にも、教会は独裁体制に抵抗する人々の支えとなっていたのだ。

そんなわけで、ポーランド人はカトリック教会に忠実で信心深い。週に1回以上教会に行く人が57％を占める。同じカトリックの国でもフランスはたったの約7％、ローマ教皇のお膝元のイタリアでも31%というのにだ。

当然、日常生活もカトリックの習慣にそっている。日曜(安息日)やクリスマスはおおいににぎわうのかと思いきや、飲食店は店を閉めて休み、教会に行く人が多い。毎年春の復活祭など、キリスト教に由来する行事も欠かさない。

さらに、カトリックの教義が禁じる妊娠中絶にはヨーロッパでいちばんきびしく、2011年には、未成年がレイプされて妊娠したような場合も含め、中絶をいっさい禁じる法案が提出され、可決する一歩手前まで話が進んだ。

もっとも、そんなポーランドでも若者は教会離れが進んでいる。これも、異民族や共産主義の支配が遠い記憶になってしまったためだろうか。

♣老人はドイツ嫌い、若者はロシア嫌い

ポーランドという国名は「平原の国」を意味する。実際、南部のチェコとの国境地帯以外、標高300メートル以上の山はほとんどない。平地が多いので農業がさかんだが、東西には山脈のような天然の障壁がないので攻め込まれやすい。

おかげで18世紀にはドイツとオーストリアとロシアに分割支配され、100年以上ものあいだ、「地図にない国」となった。1918年に一度独立したあとも、第

二次世界大戦中はまたドイツとソ連に分割されている。戦時中の死者数はナチス占領下でのユダヤ人虐殺も含め、じつに1000万人近い。今も65歳以上の男性人口は、同世代の女性の人口より極端に少ない。

そのせいで戦後はドイツ嫌いの人がやたらと多かった。ところが、若い世代はEU寄りなので、ドイツには親近感をもち、ロシアを嫌っている。おじいさんたちとしては「近ごろの若いモンはドイツかぶれでいかん」という感情のようだ。

このような歴史をたどってきたポーランド人、忍従の精神が強くていっけん物静かだが、自立心は旺盛で、簡単には人の言いなりにならない。

ポーランドの政界や財界は保守的で男性中心だが、一方で、強者になびかず弱者をいたわる騎士道精神も強い。今でも、女性のためにドアを開けたり、ベビーカーを押した人が電車に乗ろうとすれば手伝うのは当然という男性がよくいる。

♣夜ふかしなのに早起きなライフスタイル

平地の多いポーランドは風通しのいい地形で、夏以外はほぼ寒冷だ。寒いときは酒を飲んで温まるにかぎるというわけで、ロシア人に劣らずウオッカ好きが多い。

多くのポーランド人は、朝は6時ごろに起きて仕事に行き、午後3時か4時ごろにはもう帰宅する。冬はこれぐらいの時間でもう薄暗くなり、長い夜はえんえんと飲み食いして語り合う。ディナーで早く席を立つのは失礼となる。

チェコ人はビールを飲んで議論し、スロバキア人はワインを飲んで歌う。ウオッカを愛するポーランド人は、深酔いしてダラダラと話をしたり、ときには酔った勢いでケンカをはじめる。そして、最後には酔いつぶれて寝てしまうのだ。それでも翌朝はきちんと早く起きて仕事に行くのだから、たいしたものだ。

極端に朝型のポーランド人は、食事の時間も独特で、食事は1日4回だ。出勤前の早朝、職場で10～11時ごろにサンドイッチなどの軽食、午後3～4時に帰宅したあとの早めの夕食、そして夜食……。もっとも、EU統合で西欧風のライフスタイルが普及し、この習慣もすたれつつある。

東欧ではよくある習慣だが、寒い土地だと人肌が恋しくなるのか、ポーランド人もスキンシップが好きだ。よく握手をするし、親しい間柄なら抱き合ってハグもする。同性でもよくおたがいの頬にキスをする。

ポーランドの中高年男性のなかには、相手が高齢なら頬にキスを1回で済ませるが、相手が若くきれいな女性なら3回ぐらいくり返し頬にキスする人もいるらしい。

●ポーランド人の朝早く夜遅いライフスタイル

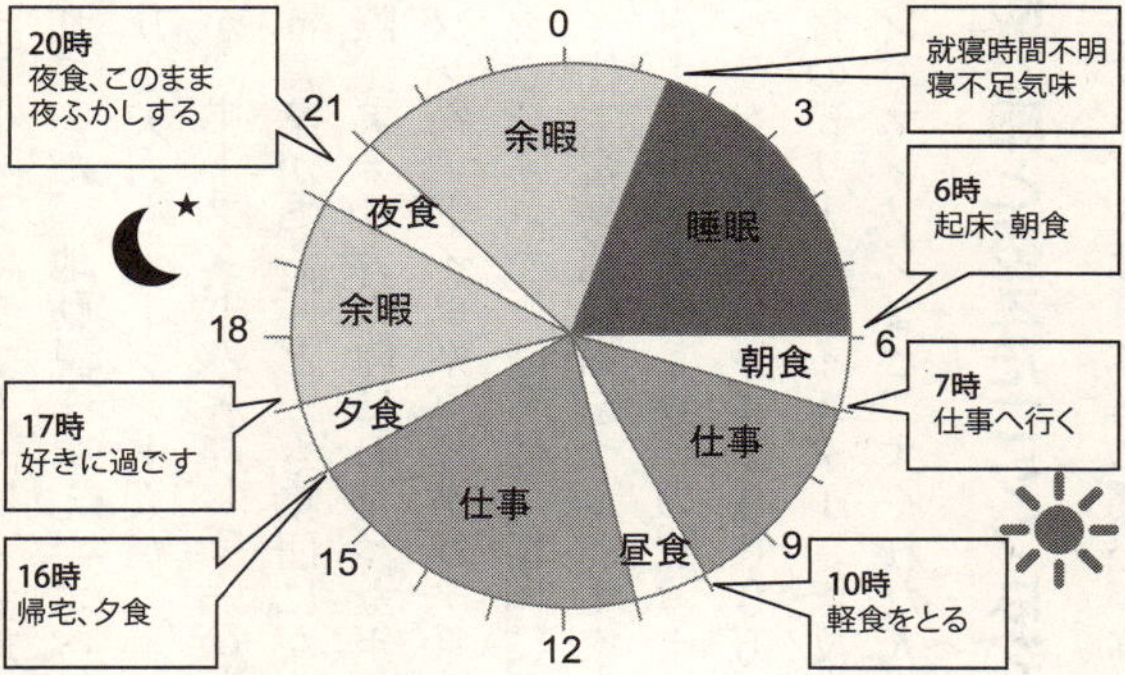

食事は4回とり、えんえんと夜ふかしする

♣新大陸では辛酸をなめたポーランド移民

雑多な移民が集まるアメリカには、イタリア系やアイルランド系など移民のクセをネタにしたジョークが多いが、とくにポーランド人はよくバカにされる。

たとえば、ポーランド人に「ねずみ（mouse）」と書かせたら、最後のeをつけずに「mous」と書いたので、「でも、最後にまだ何かあるだろ？」と聞いたら、「しっぽかな」と答えた——といった具合だ。

ただし、歴史上のポーランド人は優秀で先進的だった。18世紀ごろまでヨーロッパの多くの国は絶対王制だったが、ポーランドのシュラフタ（騎士貴族階級）は、選挙で王様を決める貴族民主制を取り入れていた。地動説を唱えたコペルニクスや放射性物質のポロニウムを発見したキュリー夫人もポーランド人だ。

だが、ポーランド人を評して「ひとりのときは天才、ふたりは混乱、3人は破滅」という言葉がある。どうも集団になると統制が取れないらしい。

実際、アメリカ大陸にわたったポーランド移民は不利だった。先行するアングロサクソン系、ドイツ系、イタリア系などから見れば新参者で、英語のよくわからないヤツとみられた。さらに、祖国に仕送りをする人が多かったため、たいてい ド貧乏で、住宅密集地に畑をつくって家畜を飼うなど田舎者丸出しだった。アメリカでは「ポーランド人いじり」のジョークが多く生まれたらしい……。不憫《ふびん》な話だ。

もっとも、アメリカに1000万人近くいるポーランド移民やその子孫には、映画監督のビリー・ワイルダー、天文学者のカール・セーガン、ロックシンガーのマリリン・マンソンなど、すぐれた人物も少なくない。

♣ゆで卵とあえたニシンはなぜか「日本風」

ポーランド人は日本への関心が高い。ワルシャワの「第26番小学校」は、その別名を講道館柔道の創始者からとって「嘉納治五郎小学校」という。日本なら「コペルニクス小学校」とか「キュリー夫人小学校」という名をつけるのと同じセンスだろう。

日露戦争の前後には、ポーランド独立運動の闘士だったピウスツキ将軍らを日本が陰で支援していた。このことを恩義に思うポーランド人も多い。

とはいえ、遠い国だけに日本への誤解も多いようだ。ポーランドでは酢漬けのニシンに、砕いたゆで卵でつくったクリームをかけたものが「日本風ニシン」と呼ばれる。日本人はニシンの卵である数の子を好んで食べるが、「ニシンと卵をいっしょに食べる」と誤った形で情報が伝わっているらしい。

もしポーランド人に珍妙な「日本風料理」を出されたとしても、けっして悪意はないので、気を悪くしないようにしよう。

ポーランドの代表的人物

ヨハネ・パウロ2世

(1920～2005年)

冷戦時代の1978年にローマ教皇に就任。在位期間は26年間と歴代の教皇で3番目に長い。世界の104カ国を訪問し、教会の改革、異教徒の国との対話などに努めた。熱烈なカトリック教徒の多いポーランドでは、教皇のありがたいお言葉が全ページに入ったノートも売っている。

チェコ

手先が器用でオタク的才能をもつ

DATA

・首都：プラハ
・人口：1051万人
・面積：7万8866㎢
（日本の約5分の1）
・言語：チェコ語
・宗教：カトリック
10.3％、無信仰
34.3％

♣ヨーロッパではピカイチの「輝かしい」頭

白人男性は日本人にくらべてハゲている人が多いのだが、カツラメーカーのアデランスの調査では、世界でいちばん薄毛の男性が多いのはチェコだという。成人男性に占める薄毛率は約43％、じつに日本の1・6倍以上ときている。この理由は、脂っこい食事が多いためのようだ。加えて、内陸国なので海産物が少なく、わかめなどを食べる機会もないためという説もあるが、定かではない。

そんな輝かしいチェコ人の頭をバカにしてはいけない。小説家のカフカなど世界的な文化人も多く、ドイツと接するだけに工業も発達した国で、「ボヘミアン・グラス」と呼ばれるガラス製品などの美しい工芸品は海外でも評価が高い。

東欧ではざっくりした豪快な気質が強いが、チェコ人は几帳面な人が多く、京都や大阪の老舗の商人ばりに、礼儀にも数字にも細かくマメだ。

友人・知人には、日常的なあいさつはもちろん、なにかで世話になったときのお礼を欠かさない。また、倹約に頭を使うのが好きで、買い物や旅行となれば、どこを利用すれば安いかの情報集めや比較に余念がない。自分が損してないかを気にして、他人の給料を聞くこともある。

ただ、頭の回る人にはたまにあることだが、冷めた面もあるようだ。信仰がなく無宗教という人が多い。隣国のポーランド人が信心深いのと対照的だ。

♣休日は郊外で過ごすため毎週のように大渋滞

チェコ人が好きなものといえば、なんといってもビールだ。キリンビールの調査によれば、国民一人あたりのビール消費量は、なんと20年近く連続でチェコがトップ！ 年間で約120リットルと、日本人の3倍近く飲んでいる。

チェコの首都プラハの名物といえばビアホールで、世界的なビールのブランドであるアメリカのバドワイザーの名前は、チェコのビール醸造の町・ブジェヨヴィツェ

（ドイツ語ではブドヴァイス）に由来している。

もうひとつ好きなものは田舎の風景だ。ヨーロッパの東部では庶民でもセカンドハウスを持つことが多いが、チェコ人も同様で、週末は家族と田舎でのんびり過ごすのを好む。大学生もしょっちゅう実家に帰省する。そのため、プラハでは週末になると、郊外に向かう自動車の列で道路がすっかり埋まるという。

チェコの国土は、プラハのある西部のボヘミアと東部のモラヴィア（スロバキアまでまたがる地域）からなる。プラハは、今も古城や教会、石造りの橋など中世の建物が多い。ここは古くから工芸と学術の都で、現在まで続くプラハ・カレル大学は、じつに700年もの歴史をもっている。あちこちに世界遺産があるため、近代的な区画整理をしていない。そのせいで自動車では通りにくい街路が多く、駐車できる場所もかぎられている。外国から来た人間には不評だが、チェコ人はその不便さを当然のように受け入れている。それだけ古い街並みにこだわりが深い……。このへんも京都の人と似ているのかもしれない。

♣軍人よりも文化人が重宝されるお国柄

歴史上、チェコは大国の影響を受けている。オーストリア帝国からの独立後、一

●チェコの有名な世界遺産

プラハ歴史地区など、地区全体が世界遺産になっている

時はナチス・ドイツの占領下となった。戦後は共産党政権となり、1968年に「プラハの春」と呼ばれた民主化運動が起こったが、ソ連の軍事介入で押しつぶされている。

こうした歴史から、チェコ人の心には大国や権威への反骨精神があり、軍人などの力強い指導者より、知的な文化人のほうが支持される。

第一次世界大戦後、チェコスロバキアの初代大統領となったマサリクは、もとは哲学者だ。89年に共産党政権を崩壊させ、2003年まで長く大統領を務めたハベルは元劇作家で、かつて「プラハの春」の民主化運動の闘士だった。

チェコを代表する作家のカレル・チャ

ペックは、社会風刺のきいたSFを多く書き残したが、そのためにチェコを占領したナチスににらまれていた。

現在も広く使われる「ロボット」という言葉は、チャペックの戯曲『R.U.R.』ではじめて使われた。さすが工業国のチェコと言いたいところだが、チャペックの創作したロボットは、機械ではなく人工生命体だった。もとは奴隷としてつくられたロボットが、人間のように自我を抱いて成長してゆく姿を描いている。

チェコの文化人では、音楽家のドヴォルザークやスメタナが有名。ヨーロッパの音楽家にはオペラの曲を書いた人が多いが、チェコの音楽家は人形劇用の曲を多く書いている。手先の器用な人が多いチェコでは、人形劇がさかんなのだ。プラハには、ロボットのようなからくり人形の仕込まれた時計塔もある。

言語文化では、こんな話もある。オーストリア帝国に支配された時代、都市部ではドイツ語が公用語だったが、人形劇を演じる旅芸人たちが地方をめぐり、チェコ語での表現活動を守り続けたのだ。ここにチェコ人の反骨精神がうかがえる。

♣オタク文化に通じるセンスの国民性

チェコ伝統の人形劇は日本の浄瑠璃《じょうるり》や文楽にちょっと似ているが、20世紀のはじめにはチェコの美術界でも浮世絵などのジャポニズムが大流行した。ヨーロッパの美術はギリシャ彫刻のようにリアルな「写実主義」が主流だが、チェコ人は日本人と同じく、マンガ的にデフォルメした描きかたが得意だ。

そんなチェコ、じつはヨーロッパ屈指のアニメ大国。プラハには国営のアニメスタジオがあり、優秀なアニメスタッフが育成されている。ズデニェク・ミレル原作の「もぐらのクルテク」は子どもに親しまれ、日本でもファンが少なくない。アニメ監督の巨匠ヤン・シュヴァンクマイエルも『不思議の国のアリス』や『ファウスト』を原作にした長編作品で業界では有名だ。また、国民的作家チャペックのほかにも、SFやファンタジー系のすぐれた作家が多い。

もともとチェコには手先が器用な人が多く、日本のオタク文化に通じるセンスをもっているようだ。

チェコの代表的人物

ミラン・クンデラ

(1929年〜)

チェコ東部のブルノ生まれの小説家。1968年の「プラハの春」運動に参加して政府の弾圧を受け、のちにフランスに亡命。プラハの春事件を題材にした代表作『存在の耐えられない軽さ』は世界的なベストセラーとなり、1987年に映画化され、日本でも話題を呼んだ。

スロバキア

引っ込み思案で素朴、歌が大好き

DATA

- 首都：ブラチスラバ
- 人口：544万5000人
- 面積：4万9037㎢（日本の約7分の1）
- 言語：スロバキア語
- 宗教：カトリック69%、プロテスタント（ルター派）7%ほか

♣周辺国にくらべてパッとしない農村の人々

スロバキアはかつて、チェコとともにチェコスロバキアというひとつの国だった。しかし、長年チェコのおまけのようなイメージだったことは否めない。チェコが工業地帯の都会なのに対して、スロバキアは農業地帯。日本国内でたとえるなら、愛知県の隣にある岐阜県、福岡県の隣にある大分県のような関係だ。

スロバキアの気候はやや寒冷だが、南部は緑豊かでおだやかな農村がひろがり、国民の多くは昔ながらの農村生活を愛する、保守的なお国柄といわれる。単刀直入にいえば田舎で、西欧のイギリス人やドイツ人は、「スロバキアってアフリカの国？」

などと言うことがある。なんともひどい話だ。

　そもそもスロバキアとは、固有の地域や民族をさす名ではなく「スラブ人の国」という意味の総称だ。スロバキア人は古くから積極的なナショナリズムをもっていたわけではなく、「自分たちは周囲のチェコ人ともハンガリー人とも違う」という消去法によって成長した民族だった。

　そんなスロバキア人、声高に自分の主張を唱えることはせず、相手の顔色をうかがうような話しかたをする傾向がある。こう聞くと日本人とも似た印象を受けるからふしぎだ。スロバキアは内陸国で日本は島国だが、かつて周囲の国からポツンと切り離されたような立場だった点は、ちょっと似てるかもしれない。

♣「おお牧場はみどり」はスロバキア人の恋の歌

　チェコ人を代表する作家のカレル・チャペックは、スロバキアの風景や人々について「われわれの土地よりも歌に富んでいる」と書いている。

　実際、スロバキア人は古くから歌うのが好きだ。職場や家庭のパーティーでは、酒が入るとみんなすぐに歌い出すという。議会では、議員や閣僚が団結して気勢を上げるために、国歌や民謡を合唱することもある。なんだか、フォークソングで合唱するのを好んだ1960～70年代の日本の若者のようだ。

フォークソングといえば、じつは、ひところハイキングのときなどによく歌われた「おお牧場はみどり」の歌は、スロバキアとチェコにまたがるモラヴィア地方の民謡だ。これはアメリカに移住したスロバキア人によって世界に広められた。日本で知られる歌詞は明朗な牧場風景を歌った内容だが、もともとスロバキアでは、ひとりの美しい娘をめぐって若者たちが言い争う、恋の歌として認知されている。

古くからの民謡や農村のお祭りを愛するスロバキア人は、良くいえば謙虚、悪くいえば引っ込み思案だ。ロシアなどの東欧諸国では、よく来客に大盤振る舞いするが、スロバキア人はお金やモノもあまりほしがらない。客に一方的にお土産を渡されると、遠慮してしまうことが多い。

また、農業の国だけに地縁・血縁のつながりが強く、生活に困ったら親子兄弟や同郷の人間同士で助け合う精神が残っている。ただし、このため政財界ではコネを通じた人事やワイロもちらほらあるという。

♣兄弟のチェコ人とは円満にお別れ

長年「チェコのおまけあつかい」が、スロバキア人のコンプレックスだった。

●チェコスロバキアの地図

1918年〜1992年まで、チェコスロバキアという国があった

ただし、スロバキア語とチェコ語は似ている。たとえば「はい（イエス）」は両国とも「アノ」、「ありがとう」はチェコなら「ジェクユヴァーム」、スロバキアでは「ヂャクエム」となる。発音は違ってもつづりの似た語も多い。

第一次世界大戦後の18年、オーストリア・ハンガリー帝国が崩壊すると、スロバキアはチェコとともにチェコスロバキア共和国として独立した。

独立運動の指導者で初代大統領となったマサリクは、父がスロバキア人、母がチェコ人で、チェコとスロバキアは兄弟のような国と考えていた。そんなマサリクの同志にはスロバキア出身のシチェファーニクがいた。オーストリア帝国の支配に反抗して故郷を飛び出し、フランス軍で戦闘機パイロットとなった英雄だ。だが、たいへん運悪く、念願の独立が実現した直後にシチェファーニクは飛行機事故で死亡してしまう。彼のほかにスロバキア人の有力者は乏しかったので、新政府の要職はチェコ人が独占することになってしまった。

このときのスロバキアのチェコに対する不満は、ナチスに利用されている。第二次世界大戦の直前にドイツがチェコを占領すると、スロバキア人はドイツに協力して一時的に独立国の立場を得た。

戦後は、共産党政権のもとでまたチェコと一体化したが、冷戦体制が崩壊したあとの93年、ようやくスロバキアは独立をはたした。

ここで重要なのは、このとき旧ユーゴスラヴィアのような血みどろの内戦がまったく起こらなかったことだ。スロバキア人もチェコ人もケンカは嫌いなのである。

そうして円満におたがい自立をはたし、冷静に距離がとれるようになった現在、スロバキア人とチェコ人の友好的な関係が続いている。

♣外国人の流入にも波風を立てない対応

長らく純朴な農業国と思われてきたスロバキアだが、現在ではドイツのフォルクスワーゲン社など多くの外資系企業が進出し、そのイメージを変えつつある。とくに、自動車生産ではEU圏でトップクラスだ。

もちろん、スロバキア人にはおだやかな面も残っている。冷戦体制の崩壊後、東欧圏ではトルコ系などの外国人の流入が増え、ネオナチのような有色人種を排斥する過激な民族運動が起こっている地域も少なくない。

だが、スロバキアではこうした動きは報道されていない。犯罪の温床となりやすいスラム街のようなところがないからだ。あまり外国人も入ってこず、のどかな状態なのだろう。

日本ではスロバキアの観光人気はそれほど高くない。だが、あえて東欧らしい素朴な人々に触れたければ、近代化しすぎていないスロバキアが穴場といえるかもしれない。

スロバキアの代表的人物

マルチナ・ヒンギス

（1980年～）

スロバキア東部のコシツェ生まれのテニス選手。７歳のときスイスに移り、1997年にはテニスの世界４大大会で最年少優勝の記録をぬり替えた。母親は旧チェコスロバキア代表のテニス選手で、1970～80年代のテニス界を席巻したマルチナ・ナブラチロワにちなんで娘の名をつけた。

ハンガリー

アジアの血を引く切れ者で、タフにふるまう

天才肌で、芸術と数学的なことを妄想するのが大好き
ルービックキューブは、国を代表する発明品
ファッションは個性的で、ちょっとヘン

●いつもなぜか楽しそうで、ニコニコしている。温泉に入るのが大好き

DATA

- **首都**：ブダペスト
- **人口**：約994万人
- **面積**：約9万3000㎢（日本の約4分の1）
- **言語**：ハンガリー語
- **宗教**：カトリック約52%、カルヴァン派約16%

♣身内の結束とコネがものをいうお国柄

「尻の青い小僧め！」というフレーズはヨーロッパでは通用しにくい。これは幼児の蒙古斑《もうこはん》を意味していて、黄色人種特有のものだからだ。だが、ハンガリー人の幼児にはたまに蒙古斑がある。そう、ハンガリー人にはアジア人の血が流れているのだ。

ハンガリー人の先祖は、9世紀に東方からヨーロッパに侵攻してきた騎馬民族のマジャール族だ。その名はペルシャ語のムグール（モンゴル）に由来する。

ハンガリー人の名前は、有名な作曲家のリストやバルトークを例にすると、リスト・フランツ、バルトーク・ベラなどと「姓・名」の順に記される。

アジア系を先祖にもつということで、日本人に親しみを抱くハンガリー人も多い。ハンガリー語の文法はほかのヨーロッパ言語にくらべると日本語に近く、海外の大学の日本語学科では、よくハンガリー人が成績の上位を占めている。

ハンガリーは、ゲルマン語民族のオーストリア、ラテン語民族のルーマニア、スラブ語民族のセルビアなどに囲まれている。その真ん中でポツンとアジア由来の言語を使う「よそ者」として暮らしてきただけに、国内の結束は固い。だが、裏を返せば、地縁や血縁のコネを重視する傾向が強いともいえる。

役所や病院でも、初対面の人間はそっけないあつかいを受けるが、窓口で「〇〇さんの紹介で来たんですが〜」と相手の知人や親類の名前を出せば、態度がころりと変わり、とても親切な対応をしてくれるという。なにか法的なトラブルが起こったときも、インターネットなどで「評判の弁護士」を探すより、まずはご近所や親類に「法律に強い人を紹介してくれない？」と聞く。こうした助け合いの精神も、どこか昔の日本のようなアジア人らしさを感じる。

♣ビールよりワインを愛する民族のプライド

遊牧民を先祖にもつハンガリーは、古くから牧畜の国だった。近隣の東欧やドイツ、オーストリアからは「牛や馬や豚の産地」というイメージが定着している。食生活も豊かなためか、やたらと会食を楽しむのが大好きだ。

ビジネス上の交渉でも、話がまとまるまで何度も接待をする。また、仕事は仕事、ディナーはディナーと割り切って、のんびり優雅に時間をかけ、レストランで食事をしながら音楽やダンスなどのショーを楽しむ。接待のディナーなのにビジネスの話はご法度。これでは本末転倒のようだが。

そんなハンガリーの食卓では、赤いパプリカを使い、牛肉や野菜を煮込んだグヤーシュなどの料理が定番だ。もともとパプリカは庶民が愛用する安価な香辛料だったが、19世紀のハンガリーでは、オーストリアの支配に反発する上流階級の人間のあいだにも「ハンガリー独自の料理」として、パプリカを使う料理が広まった。

パプリカと並ぶハンガリーの名物といえばワインだ。ことに、北東部のトカイ地方でつくられるトカイ・アスー（カビを生やしたぶどうを使う貴腐ワイン）は、西欧の王侯貴族にも人気が高い。ハンガリー人は自国のワインに対する愛着が半端ではない。うかつに他国のワインを誉めるのはお勧めできない。

隣国のチェコ人はビール党だが、ハンガリー人はワインを愛する。ビールを飲むことはあってもビールで乾杯はしない。これは1849年にハンガリーの独立運動がオーストリア帝国に弾圧されたとき、オーストリア軍の将校が、捕虜になったハンガリー人の独立派を処刑しながらビールで乾杯していたからだ。先祖の苦難を忘れないという気質とプライドが生きている。

♣内陸国だが逆に外向き志向

ハンガリーは内陸国だが、だからといって内向きな国民性ではない。国外で一旗あげようとしたり、外国ともうまく順応する外向き志向が強いのだ。

実際、ハンガリー人の3人にひとりは国外にいる。ハンガリーの人口は1000万ほどだが、海外には約400万人ものハンガリー系の住民がいるのだ。

中世ハンガリー王国の最盛期には、アドリア海に面するクロアチアや、セルビア、ルーマニアの北部なども支配下においた。その後はオーストリア帝国の支配下に入るが、第一次世界大戦の敗戦でオーストリア帝国の領土は分割され、ハンガリー人も東西南北に散らばってしまう。

いちばん多いのは東のルーマニアで、約150万人がいる（ちなみに、日本のハンマー投げ選手・室伏広治の母もハンガリー系のルーマニア人だった）。さらに新天地を目指して南北アメリカ大陸に渡ったハンガリー人も100万人近くいる。

このように西欧やアメリカで名をあげたハンガリー人は多い。フランスのサルコジ元大統領もハンガリー系の移民2世だ。アメリカの億万長者として知られる投資家ジョージ・ソロス（ショロシュ・ジョルジー）もハンガリー系移民だ。

冷戦時代の末期には、ハンガリーは東欧の社会主義国のなかではいち早く一党独裁を放棄して西欧諸国との国交を広げ、オーストリアとの国境を開放している。もとより先祖が周囲の国々とは異なるアジア系という意識のためか、周囲に合わせるより我が道を行く思いが強いようだ。

● 世界で活躍するハンガリー人たち

ルビク・エルネー
ルービックキューブを発明した建築家

ジョセフ・ピュリツァー
アメリカで活躍したジャーナリスト

ロバート・キャパ
第二次世界大戦前後に活躍した報道写真家

活躍する分野はさまざまで、頭の良さがうかがえる

♣高度な理系センスと水へのこだわり

欧米人のあいだでは、世界に散らばった華僑商人や日本人ビジネスマンの影響もあって「東洋人＝口が達者で、数字や商売に強い」というイメージがある。アジアに起源をもつハンガリー人も、おしゃべり好きで、知的好奇心が強い。とくに理系分野での天才的な人物が目立つ。

世界に1400万人ほどいるハンガリー人には、ノーベル賞の受賞者が13人もいる。化学賞で4人、生理学・医学賞で3人、物理学賞で3人と、理系分野が強い。

現在、世界で使われているコンピュー

タの大部分は、記憶装置のなかに計算プログラムをもつ「ノイマン型コンピュータ」だ。この由来となった数学者フォン・ノイマンもハンガリー生まれだ。ユダヤ系ハンガリー人のノイマンは、ナチスの迫害を逃れて渡米し、初期のコンピュータや原子爆弾の開発に深くかかわっている。

1980年代に大流行したルービックキューブを発明したルビク・エルネーは、ハンガリー人の建築家で、父親はエンジニアだった。

では、頭ではなく体を使う分野ではどうかというと、意外な特徴がある。ハンガリーは海のない内陸国にもかかわらず、なぜかウォータースポーツに力を入れているのだ。とくに水球では、1932年のロサンゼルス五輪から2008年の北京五輪まで9回も金メダルを獲得している。水泳やカヌー競技でも上位の常連国だ。

じつは、ハンガリー人は水に浸かるのが大好きで、首都ブダペストには温泉を使った温水プールが50カ所もある。バカンスのシーズンには、中世にはハンガリーの領土だったアドリア海の沿岸に旅行に出かける人も多い。

こうした点も、外向き志向の一面だろう。移住先で名をあげた学者や実業家が多いのと同じく、内陸国のイメージとは裏腹に、世界で認められることを目標に努力をおしまないのだ。

♣「白い喪服」――日本との意外な共通点

ハンガリー人と会食すると、意地でも勘定は自分が払おうとすることがよくある。中国人が割り勘をせず相手におごって太っ腹なところをみせるような、アジア起源の気質かもしれない。

ほかにも、ハンガリーには、アジアに由来すると思われる文化が少なくない。

西洋で喪服といえば黒が基本だが、ハンガリーのある地方では、白い喪服を着る。じつは、東洋では古来、喪服の色は白だった。日本でも死装束は白だし、昔の日本人は白い喪服で葬儀に参列していた。日本とも意外な共通点があるのだ。

現代でも、広い目でみれば自分たちと日本人の先祖は同じだと考えるハンガリー人は多い。日本人がとっつきやすい国だろう。

ハンガリーの代表的人物

ロバート・キャパ

(1913～1954年)

ハンガリー生まれのカメラマン。本名はフリードマン・エンドレ・エルネー。スペイン内戦や第二次世界大戦の取材で有名になる。1939年以降はアメリカに移住。インドシナ戦争の取材中、地雷に接触して死亡。のちに優秀な報道カメラマンを表彰するロバート・キャパ賞がつくられた。

ルーマニア&モルドバ

貧困にもめげない「東欧のローマ人」

DATA

ルーマニア
・首都：ブカレスト
・人口：約1904万人
・面積：約23万8000㎢

モルドバ
・首都：キシニョフ
・人口：約360万人
・面積：3万3843㎢

♣陽気で豪快なローマ帝国の末裔

ルーマニア人は、東欧の人々のなかでもとりわけ陽気で人なつっこい。たとえば、列車で乗り合わせた赤の他人にも「どこから来たのかい？」などとすぐ話しかけてくるし、自宅に客が来れば「もう帰るの？　ゆっくりしてってよ」と引きとめることが多い。しかも、プライベートな問題だろうが、あけすけに遠慮なくものを言う。「空気を読む」が美徳と考える日本人とは対照的だ。

また、運命には逆らわず、起こってしまったことは悔やまず受け入れる。これを象徴するように、ルーマニア人がよく使うフレーズが「Asta este」というもので、こんなものさ、仕方ない、しゃあねえな、といった意味がある。

こうしたノリの軽さと割り切りは、ラテン系気質ゆえだろう。ルーマニアの英語表記は「Romania」で、現地ではロームニアと発音する。これは「ローマ人の国」という意味だ。かつて、2世紀のはじめにルーマニアはローマ帝国に征服され、多くのローマ人が移住してきた。その子孫を自認するルーマニア人は、東欧にありながらラテン系を自認し、多くの人は明朗かつ開放的でジョーク好きだ。

実際、ルーマニア語はイタリアのジェノヴァ地方の方言に似ている。加えて、ルーマニアの南東部は黒海に面し、気候も地中海地域と似てわりと温暖だ。

性格や話す言葉はイタリアに近いけれど、宗教はカトリックではなく、ロシアなどと同じ東方正教の信徒がほとんどを占めている。

♣ドラキュラの話は嫌うのに魔女は好き

一部では、ルーマニアといえば吸血鬼ドラキュラの故郷として有名だが、この話をルーマニア人にすると「またかよ……」という顔をされる。それこそ「日本といえば『サムライ ハラキリ ゲイシャ』」と同じステレオタイプの典型だ。

ドラキュラ自体はイギリスの作家ブラム・ストーカーの創作キャラクターだが、

そのモデルは、15世紀にルーマニア南部のワラキアを支配したヴラド・ドラクル（ヴラド・ツェペシュ）公だ。別名のツェペシュは「串刺し公」を意味する。ワラキアはたびたびオスマン・トルコ帝国の侵攻を受けた。ヴラドもトルコ軍と戦ったが、西欧では大量の敵兵を串刺しにして処刑した残酷な領主のイメージが強く、いささか誇張混じりに伝えられている。

だが、当のルーマニア人にとって、ヴラドは異教徒の敵国と戦った国の英雄なのだ。そのため、社会主義政権の時代にはブラム・ストーカーの書いた小説『吸血鬼ドラキュラ』が、ルーマニア国内で発売禁止となっている。

２００１年にルーマニアの観光大臣が外貨獲得のため「ドラキュラ・パーク」の建設計画を発表したが、国民のあいだから猛反発が起き、計画は立ち消えになった。

このように海外でつくられたドラキュラのイメージには複雑な感情をもつルーマニア人ではあるが、今でも神秘や幻想を愛するというか、迷信深い面がある。

ルーマニアには、なんと現代でも「魔女」が存在する。内実は占いや霊感をウリにしたコンサルタントだが、法律ではれっきとした職業として認められている。この背景には、ロマ文化の影響もあるかもしれない。

かつてジプシーと呼ばれた放浪民「ロマ」は、現在もヨーロッパ全体で７００～

●ルーマニアの魔女の仕事

見た目は占い師のようだが、羊の頭を使う呪術などおどろおどろしい

800万人ほどいる。ルーマニアはその数がいちばん多く、180～250万人ほどが住んでいるといわれる。

彼らは、第二次世界大戦当時の親独政権では弾圧の対象になった。現代のロマは定住化が進んでおり、都会では日雇いの重労働などをする貧困層が多い。なお、ロマの伝統音楽はルーマニアではポップスの一ジャンルにもなっている。

♣貧困のため身売りもするルーマニア美人

ルーマニア人といえば、1970年代に世界的人気を博した体操選手のナディア・コマネチのような美女も多い。日本にはそんなルーマニア美人を集めた専門のパブがある。はるばる東欧からやってきたセクシーなお姉さんが不慣れな日本語で接客する姿に、オジさんたちが鼻の下をのばす。じつのところ、これは日本にかぎった話ではなく、人身売買されて西欧や遠いアジアの風俗店で働くルーマニア女性は少なくない。

女性が身売りするのは、はっきりいえば貧困のためだ。2010年の一人あたりGDPは7522ドル、内戦の痛手が残るセルビアなどよりは上だが、ドイツの五分の一以下、スロバキアの二分の一以下しかない。

首都ブカレストでは、社会主義時代につくられた無駄に立派な建物が目立つが、生活インフラは脆弱。地方では、数年前まで未舗装の泥道が多かった。

このような状況にあるルーマニア人は、西欧へのあこがれが強く、外貨もほしいので、外国人には非常に好意的だ。ルーマニア人はとくに同じラテン系の国には親近感をもち、フランスに留学したり、イタリアに働きに行く人が多い。

日本人にもフレンドリーで、ヨーロッパのサッカーリーグで活躍している日本人選手の名前など、知っている日本語で一生懸命に話しかけてくる人もいる。サッカーといえば、1998年のワールドカップに出場したルーマニア代表チームが、決勝トーナメント進出を祝い、選手たちがみんな金髪になったというエピソードがある。

♣同じラテン系でもイタリアとは大違いのリーダー観

ルーマニアの貧しさは、社会主義時代の独裁者チャウシェスクの負の遺産だ。74年〜89年まで続いたチャウシェスク政権は、大きな工業施設を次々とつくったが、すっかり対外債務が増えた。そこで、国民が使う分のガソリンや食品まで輸出に回してしまうというムチャな政策を進めたのだ。しかも、労働人口を増やすため避妊や妊娠中絶が禁止されたので、貧困家庭には養いきれない子どもがあふれ、やむなく親に捨てられた孤児が10万人も発生している。

このような苦しい状況のもとでも、ジョーク好きのルーマニア人はよく独裁者を笑い飛ばした。たとえば、こんな小話が伝わっている。

教会を視察したチャウシェスクが「キリストがうらやましい。あんなにも民衆に愛されて」と言った。そこで傍らの男がこう言った。「大統領も、キリスト様のようにはりつけになれば、みんな泣いてあなたにすがりつきますよ」と。

もっとも、当のルーマニア人が困窮していた当時、日本などの西側諸国は「チャウシェスクはいい奴じゃないか」と思ってほめたたえていた。共産圏のなかでソ連から独立路線をとろうとしたからだ。今となっては皮肉な話である。

結局、チャウシェスク政権は国民の暴動で打倒された。ところが、2005年の世論調査では「強力なリーダーによる政治を求める」という層が約66%を占めている。同じ回答がアメリカでは約31%、日本は約21%、ルーマニアと同じくラテン系で、国民が独裁者ムッソリーニを倒したイタリアでは約14%というのに意外な話だ。

もしや支配されるのが好きな体質なのだろうか? と思うところだが、もちろんそうではない。

日本では戦後、世の中が豊かになるにつれて自由を主張する若者が増えていったが、終戦直後のように貧しかった時代は頼りがいのある人物が求められたものだった。ルーマニア人はまさに今、貧困を脱するために強い指導者を求めているのだろう。

♣モルドバ――もうひとつのルーマニア

ルーマニア人の悩みの種のひとつが、隣国のモルドバの存在だ。

人口360万人ほどのモルドバは、もともとルーマニアの一部だったが、第二次世界大戦中、どさくさにまぎれて旧ソ連に占領されてしまった地域だ。言語はルーマニア語とほとんど変わりない。1990年代はじめの旧ソ連崩壊を機にモルドバは独立したが、今度はロシア系住民が多い東部地域が、モルドバからの独立を唱えるという、ややこしい事態になっている。

じつは、日本でモルドバ人が有名になったことがある。2004年に、モルドバの音楽ユニット・O-Zoneの曲『恋のマイアヒ』が世界的にヒットした。「♪ノマ ノマ ウェイ～」というフレーズを覚えている人もいるはずだ。プロモーション映像のキャラクター「のまネコ」が、インターネット上のAAキャラクター「モナー」にやたら似ていて、話題になった。

しかし、O-Zoneのメンバーはのちに活動拠点を西欧など海外に移した。彼らにかぎらず、国外に出稼ぎに行くモルドバ人は多い。これもやはり貧しさのためで、モルドバの一人あたりGDPは、なんとルーマニアの四分の一以下しかない。やむなく外国人に「身売り」する女性が多いのも、ルーマニアと共通している。

ルーマニアの代表的人物

ナディア・コマネチ

(1961年～)

ルーマニア東部のデジ市出身。幼児期から体操選手として英才教育を受け、1976年のモントリオール五輪で、史上初の10点満点、3個の金メダル獲得という快挙を果たした。1989年にはアメリカに亡命しており、チャウシェスク大統領の息子に愛人関係を迫られていたといわれている。

ブルガリア

乳製品が大好きで、古い物を大切にする

DATA

・首都：ソフィア
・人口：732万人
・面積：11万900㎢（日本の約3分の1）
・言語：ブルガリア語
・宗教：ブルガリア正教、イスラム教、カトリックほか

♣食事のおかずにヨーグルト

わたしたちは、ブルガリアと聞けば「ヨーグルト」を連想するだろう。じつはブルガリアでは、ヨーグルトはデザートではなく、野菜スープにまぜたり、ハンバーグにかけたりと、幅広く料理の材料として使われている。

ブルガリア人にとって、ヨーグルトは各家庭でつくるもので、家ごとに味が微妙に違う。昔の日本の農村では、ヨーグルトと同じく発酵食品の味噌やぬか漬けを家ごとにつくっていたが、それと同じようなものだ。

今ブルガリアで売られているヨーグルトも、酸味の強さや乳脂肪分などの違いに

よって種類が豊富だ。防腐剤を使わないのが基本で、日持ちしないから遠くへの輸送はできないため、地域ごとにさまざまなヨーグルトを売っている。

ヨーグルトはもともと、遊牧民として牛や羊の乳を利用していたトルコ人がもたらしたという説が有力だ。だが、ブルガリア人は断固として5000年前にブルガリアの北部に住んでいたトラキア人が発明したと主張する。

牧畜のさかんなブルガリアでは、ヨーグルトばかりでなく、同じく乳製品のチーズやクリームも食べられている。しかし、ブルガリア人の多くが信仰する東方正教の習慣では、クリスマスまでの40日間は、野菜類しか食べてはいけない。そこで、ブルガリア人は、わざわざ牛乳を使ったものとまるで味の変わらない豆乳製のクリームまでつくっている。乳製品へのこだわりの深さは、半端ではないのだ。

♣野犬狩りが必要な「わんこ天国」

ブルガリアは、国土の中央を東西にバルカン山脈が走り、内陸は涼しげな高原地帯で、東部の黒海沿岸にはエメラルドグリーンの暖かい海が広がる。

良くも悪くものどかな土地で、ちょっと都心を離れると、馬やロバの荷馬車が道を歩いていたり、犬の散歩ならぬヤギの散歩をさせている人もいる。そして、道端にはこうした家畜のふんが落ちていることも多く油断できない。

ブルガリア人と隣国のルーマニア人は、おたがいにこう言い合うそうだ。「うちの国のほうが経済的に進んでるぞ。なぜなら私の国では馬を使ってる、お前の国ではまだロバを使ってるではないか」――ほほえましい話だ。

首都のソフィアは坂が多いが、もうひとつ多いのが犬だ。路上でも公園でも野犬が歩いていたり寝そべっていたりする。一説によれば人口約130万のソフィア市に犬が1万匹いるという。

しかもソフィアにはやたらデカくて怖そうな犬が多いのだが、おだやかな性格のブルガリア人は、力づくで駆除することもなく、エサをあげたりして見逃してきた。とはいえ、野犬が人を襲う事件も少なくない。2012年4月には、アメリカからブルガリアに帰国した高名な学者がソフィアで野犬の群れにかみ殺された。やむなく政府も野犬の捕獲と殺処分を本格化させたが、動物愛護団体が猛烈な抗議のデモを起こしている。のどかなブルガリアも、やっかいごとをかかえているのだ。

♣女性はカワイイと言われても喜ばない!?

ブルガリア旅行は、日本人女性に人気がある。女性のお目当ては香水とバラだ。

●ダマスクローズでつくるバラ製品

バラの国立研究所があり、製品は観光客向けのものが多い

ブルガリアはヨーグルトとならぶ名物として香水の材料になるバラの栽培がさかんだ。中部のカザンラク市で開かれるバラ祭りは、ピンク色のバラで身を飾った女性やかわいらしい子どもの姿で知られる。

じつは、ブルガリア人は「カワイイ」というほめられかたをあまり好まない。ブルガリア女性の多くは、女も工場や農場で働くのが当然だったかつての東欧諸国の例にもれず、男並みにバリバリと仕事することを誇りにする人が多いからだ。

ブルガリアの観光ガイドでは、華やかな民族衣装の若い女性が楽しげにバラの花を摘む姿でよく紹介されている。しかし、これがけっこう重労働なのだ。農村でのバラの花の収穫は、5月から6月の早朝、夜明け前からすべて手作業で行なわれる。もっとも、作業は朝9時ごろには終わるので、あとはのんびり過ごす人が多い。

とはいえ、1キロの香料用ローズオイルをつくるには、3トンのバラの花びらが必要だ。高価なローズオイルはほとんど輸出用で、大多数のブルガリア国民は買えない。まるで、戦前の日本で輸出用の美しい絹糸をつくっていた農村のようだ。

しかし、ブルガリアの女性たちは、手づくりのバラのジャムやシロップを常備し、便秘のときなどの薬がわりにも使っているという。ブルガリアは豊かな国ではないが、手近にある物を工夫して生活を楽しむ知恵が発達しているのだ。

♣反ロシア感情も弱く、王様はリサイクル

ブルガリアの景観はふしぎだ。古くからいろいろな民族が入り乱れた土地らしく、ギリシャ風の白い神殿、トルコ風のカラフルなイスラム建築、ロシア風の玉ねぎ型屋根の寺院などが入りまじり、「ここはどこの国？」と思ってしまう。

バルカン半島の国の例にもれず、ブルガリアも過去にはいろいろな民族の衝突の舞台になっているが、なぜかほかの国、ほかの民族との争いが少ない。

第二次世界大戦中は枢軸国だったが、ドイツのようなユダヤ人の迫害はなかった。

東欧のポーランドやチェコなどでは親分風をふかすロシアへの反発心が強いが、ブルガリアはめずらしく反ロシア感情も弱い。社会主義時代の独裁者ジフコフは、自分から「ブルガリアをソ連の16番目の共和国にしませんか?」と提案するほど腰が低かった。

1989年に社会主義政権が崩壊したときもジフコフがあっさり辞任し、流血沙汰はなかった。

その後のブルガリアでは、なんと終戦直後に退位した元国王のシメオン2世が政界に進出して首相に就任した。ブルガリア人は古い物を大事にし、日用品は壊れても買いかえずに修理して使う人が多い。王様まで「リサイクル」された形だが、シメオン2世も余計な欲を出さず、王政復古は唱えなかった。

働き者で古い物を大切にするブルガリア人――平穏な国民性の裏には、「足るを知る」という考えかたがあるのだろう。

ブルガリアの代表的人物

琴欧洲

(1983年〜)

本名カロヤン・ステファノフ・マハリャノフ。早くからレスリングをはじめ、2002年に日本で力士として初土俵を踏む。05年には大関に昇進。「ブルガリアヨーグルト」を販売する明治乳業の協賛を受けている。ブルガリアでは、琴欧洲の試合を観るために衛星放送に加入する人も多い。

まだまだある！　東ヨーロッパ

なぜかひたすら旧ソ連時代をなつかしむ

ベラルーシ ロシアのすぐ西に位置するベラルーシは、旧ソ連時代には「白ロシア」と呼ばれた国で、約950万人が住む。

東欧では昔から民族対立が多く、たびたび武力衝突も起こっている。だが、ベラルーシ人はめずらしいぐらいにナショナリズムが弱い。旧ソ連の崩壊まで、独立国になったことは一度もないのだ。18世紀にロシア領になる前は、リトアニア大公国の一部だった。

ベラルーシ語はロシア語とよく似ており、国内のテレビ番組や出版物もロシアのものが人気。政界では、元共産党出身のルカシェンコ大統領が約20年も居座り、ずっとロシアにべったりの政策を続けている……。なんだか、埼玉県や千葉県に住みつつ、東京都民になりたがっている人たちのようだ。

実際、資源の供給など経済的にもロシアへの依存は強く、ルカシェンコ大統領ら年長のベラルーシ人は「ソ連の一部だった昔のほうがよかったんじゃないか」と思っている。

とはいえ、若い世代にはそんな年寄りにウンザリしている人も多い。ロックバンドの「N.R.M.」は、ロシア追従の政府を皮肉る曲で若者に人気を博している。

North

エリア3

北ヨーロッパ

ぶっとんだ感性をもち、世界で活躍する人々

きびしい自然から学び、新しいことにチャレンジする

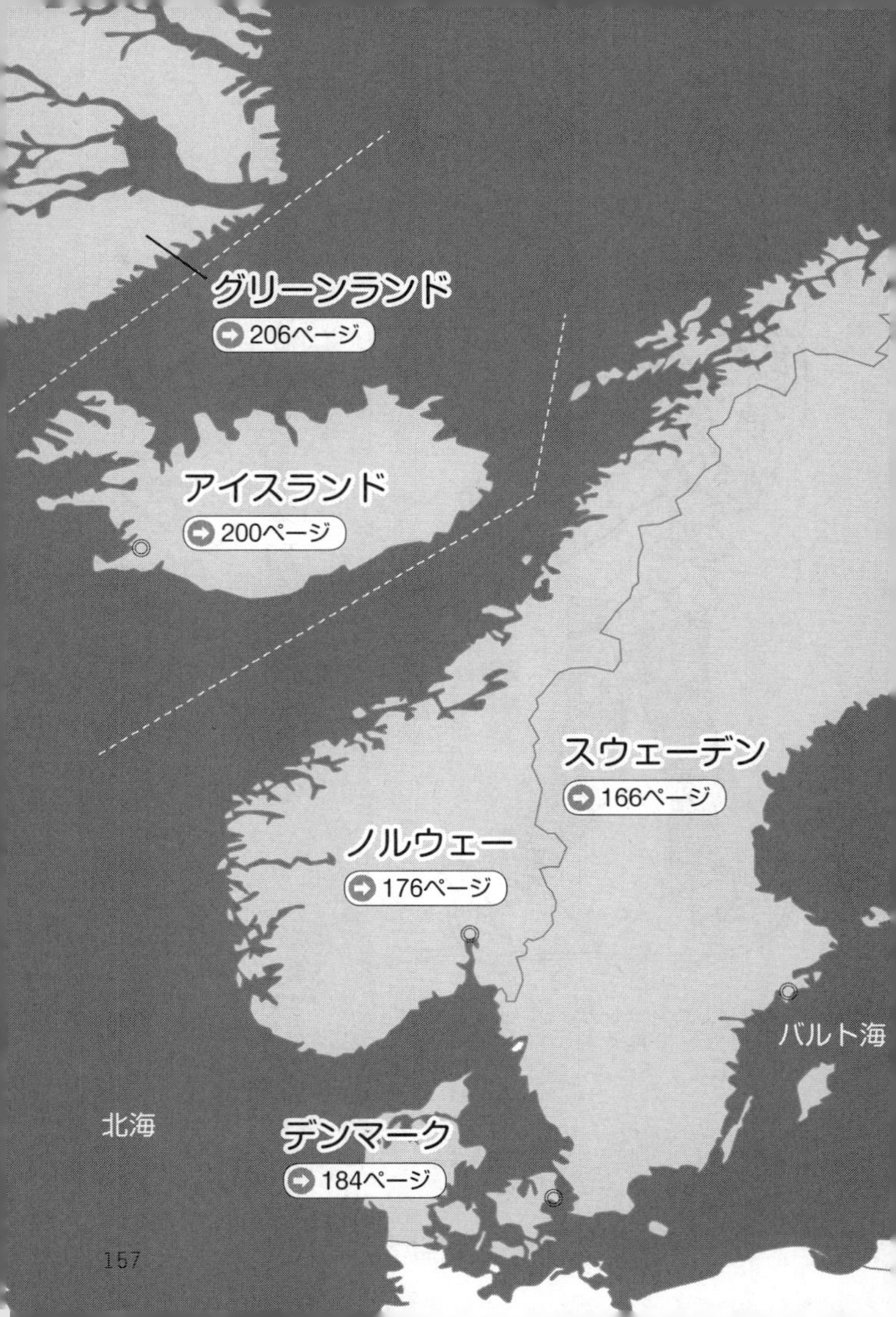

グリーンランド
206ページ
アイスランド
200ページ
スウェーデン
166ページ
ノルウェー
176ページ
バルト海
北海
デンマーク
184ページ

フィンランド

地味だがよく考え、秀才力を発揮する

童顔で、極度の人見知り。ボソボソ話す
……
コミュニケーション手段の携帯電話は手放せない
北欧のオシャレな服をカッコ良く着こなしている

●恥ずかしがり屋。ちょっと猫背で歩く。目線も下に落としている

DATA

- **首都**：ヘルシンキ
- **人口**：約543万人
- **面積**：33万8000㎢（日本よりやや小さい）
- **言語**：フィンランド語、スウェーデン語
- **宗教**：福音ルーテル教、正教会

♥ほかの国と同じことはやらない人々

フィンランドとは「フィン人の国」または「終わりの国」という意味にもなる。実際、北極圏に接するフィンランドは、雪と大森林によって外からへだてられている。加えて、中央アジアにルーツをもつフィンランド語は、ほかのヨーロッパ言語とは異質で外界とは言葉も通じにくく、まるで陸の孤島のようだ。

西のスウェーデンはゲルマン系で、人名はカールやヨハンなど、ドイツ語っぽい。東のロシアの人名は「○○スキー」とか「○○ロフ」とつくスラブ系だ。だが、フィンランド人の名前はどっちにも似ていない。ユホやレイノなど、他国にはない名前が多い。男性で、アキとかミカとか女の子みたいな名前の人もいる。

このようなフィンランドの人口は、日本の千葉県より少ない。国民は世界で少数派という自覚がある。そして他国とはセンスも発想もぜんぜん違う。

ヨーロッパで野球は東アジアほどメジャーなスポーツではないのだが、フィンランドではサッカー場のような長方形のグラウンドを使う独自のフィンランド式野球（ペサパッロ）というスポーツが発達しており、子どもに人気だ。

また、エアギター世界大会、奥さん運び世界大会、サウナがまんくらべ大会、ケータイ投げ大会など、珍妙なイベントが数多くある。世界のパソコンOSがウィンドウズ一色のなか、オープンソースのLinuxを開発したのもフィンランド人だ。

この国には「先駆者になることがフィンランドの使命である」という言葉がある。ほかの国と同じことはやらないという意識が強いのだ。

♥シャイで無口な気質を直したふたつのアイテム

昔から、フィンランド人はシャイで無口で引っ込み思案とよくいわれる。雪深い北極圏の国だけに、冬場は外に出ず、人と話さないことが多かったからだろう。大きな店に入っても、店員はチップを取らない代わりに、日本の店員のように客にニコニコと笑顔はみせない。ビジネス上の会議などでも、温暖な南のトルコ人のように世間話で盛り上がろうとはせず、さっさと本題に入る人が多い。

他人に対してもちょっとガードが固いらしく、親しくない人からいきなりファーストネームで呼ばれたり、ポンと背中を叩かれるなど体に触られるのを嫌う。隣国のロシア人はスキンシップ好きなのにちょっと意外だ。もっとも、親しくなった人間には親切だ。身内の人間となら裸でいっしょにサウナに入る。

このようなフィンランド人の引っ込み思案気質も、近年は改善されつつある。

国民に変化をもたらしたアイテムのひとつは、世界に先駆けて普及した携帯電話だ。寒冷なフィンランドでは、早くから通信機器メーカーのノキアが冬期の遭難に備えるために車載電話を広め、携帯電話では世界の先駆的大国となった。

ふだんは無口な人でも、ケータイではよくしゃべる。そして、ケータイのおかげで「人前で声を出す」ということがすっかり恥ずかしくなくなったのか、近年はバスや電車のなかでも普通におしゃべりするようになった。

無口を直したもうひとつのアイテムは、じつは日本由来のカラオケである。昔からフィンランド人は、歌で感情を表わすのが得意だった。なんと、4家族に1軒はカラオケセットを持っているという。のど自慢大会のようなKARAOKE世界選手権も、フィンランドの名物イベントのひとつだ。

フィンランドのカラオケクラブ会長であるミンナ・シルノ議員は、自分たちと同じく人前で感情を表わすことをタブーとする日本人が、カラオケを発明してくれたのは「まさしく神の思し召し」とまで言っている――日本人としては照れますね。

♥授業中に遊ぶ子がいても世界一の教育水準

フィンランドといえば教育立国で、授業料は大学まで無料、学校給食も無料だ。

OECD（経済協力開発機構）によるPISA（学習到達度調査）では、読解力、数学的リテラシー、科学的リテラシーのいずれも上位の常連となっている。

では、さぞやガリ勉が多いのかと思いきや、なんと、教室では先生の話を聞かずに平然と机の下でかくれんぼをしたり、ひとりで編み物をする生徒がいたりするという。また、日本のような部活もないので、先生や先輩のしごきもない。

それではなぜ世界屈指の好成績なのかといえば、徹底的に子どもの自主性に任せる方針をとっているからだ。フィンランドでは、ある意味、子どもを子どもあつかいしない。学校菜園や図書館、使用済みの用紙集めリサイクルなど、用務員の仕事といえる学校運営の事務的な雑作業もやらせる。

そして、フィンランドの子どもは、暗記ではなく自分の頭で判断する能力が高い。

たとえば、PISAではこんな問題が出た――盗難事件数の棒グラフが2年分並んでいて、前年は508件、翌年は516件だ。〝500件から上の部分〟だけが表示され、この部分の数値は2倍ぐらい違う。盗難は激増したといえるか？

正解はNOだ。8件増えても2％ほどの増加でしかない。だが、日本の子どもの正答率はフィンランドの半分以下だった。全体を読まずに、グラフは〝500件から上〟しか表示してないことに気づかなかったのだろう。

●フィンランドの観光名所「ムーミンワールド」

古都トゥルクから13km西の無人島にあるテーマパーク

なぜフィンランドはこういう論理的な思考ができるのか？ 当のフィンランド人によれば、寒冷で自然環境がきびしく、人口も少ないので、「寒くなったらどうするか？」など、自力でものを考える力がきたえられたからだという。

♥フィンランド人の理想はムーミン

TVアニメで有名なムーミンは、フィンランド生まれだ。だが、童話作家トーベ・ヤンソンの書いたムーミンの原作は、意外と暗い話が多い。

たとえばムーミンパパは孤児院出身で、幼児期は「13番」と数字で呼ばれた。まるで強制収容所の囚人のようだ。原作で最後の作品になっている『ムーミン谷の十一月』は、ムーミン一家のいないムーミン谷で、ほかの登場人物たちが戸惑いながら春を待つ姿を描き、「楽しいムーミン谷」のイメージを、著者みずから壊している。

こうした暗さの背景には、ヤンソンの体験がよく指摘される。1914年生まれのヤンソンは、戦乱や貧困をまのあたりにして育った。

フィンランドは17年にロシアから独立したが、第二次世界大戦のどさくさにソ連軍の侵攻を受け、東部のカレリア地方が占領されてしまう。

戦後はかろうじて共産圏には組み込まれず、中立と独立を守ったが、立場上は敗戦国のためソ連から巨額の戦後賠償を背負わされた。このため、ただでさえ労働人口の少なかったフィンランド人は、女性も馬車馬のように働かされたのだ。

ヤンソンは、「ムーミンは争わず、お金も車もほしがらない」と力説している。これは、大国の横でこぢんまりと生きてきたフィンランド人の理想を示している。

♥健康のため、真冬の川にダイブ!?

北欧だけでなく、ロシアやカナダ、アラスカなども北極圏に接するが、北極圏の人口のうち、じつに三分の一以上がフィンランドに住んでいる。

夏の北極圏は、夜になっても太陽が沈まない「白《びゃく》夜《や》」で有名だ。逆に冬は、昼間でもずっと薄暗い状態が続く。これを「極《きょく》夜《や》」という。

冬には、ひたすら屋内にこもるタイプと居直ったように外に飛び出し、アイスホッケーやスキーなどのウィンタースポーツに興じるタイプとがいる。実際、フィンランドはノルディックスキーの強豪国だ。

一部で人気なのが、なんと寒中水泳。日本の冬とはくらべものにならない想像を絶する寒さに違いない。サウナでたっぷり暖まったあと、冷たい川に飛び込むのは最高に爽快らしく、ストレス解消にもなると力説するフィンランド人は少なくない。厚手のドライスーツを着こんで氷の浮かぶ海に飛び込む「氷海遊泳」ツアーもある。

きびしい冬でもあえて楽しんでやれ！ というフィンランド人の意地と工夫は半端ではないのだ。

フィンランドの代表的人物

Mr.ローディ

（1974年～）

メタルバンド「ローディ」のリーダー。モンスター風のマスクをかぶったメイクと悪魔崇拝の儀式のようなおどろおどろしいライブで物議をかもすが、世界的な人気を誇る。素顔は出さないシャイなところがフィンランド人らしい。2006年に、ユーロビジョン・ソング・コンテストで優勝。

スウェーデン

寒さに勝つため、なんでも自分でやる

目が大きくて鼻の高い美女が多い
手足が長く、細身でスタイル抜群！
動きやすい服装を好むが、オシャレなものを選ぶ

●健康のために、ウォーキングは欠かさない。時間があれば、つねに運動

DATA

- **首都**：ストックホルム
- **人口**：約950万人
- **面積**：約45万㎢（日本の約1.2倍）
- **言語**：スウェーデン語
- **宗教**：福音ルーテル派が多数

♥「あとでラクをするため今はガマン」の精神

スウェーデンと聞けば、「すごく社会保障や福祉が充実している」「でも税金がめちゃくちゃ高い」という印象が強いだろう。

実際、未成年者の医療費はほぼ無料。世界ではじめて育児休業を導入するなど、ありがたい公共サービスが数多くある反面、給料の50%ぐらいを税金にとられ、日々の買い物にかかる付加価値税（消費税）の税率も25%ときている。

なぜこのような「高福祉だけど高い税率」をスウェーデン人は受け入れているのか？　当のスウェーデン人にいわせると、貯蓄や倹約を説くプロテスタント（ルター派）の信仰と、寒冷できびしい自然環境が影響しているようだ。

スウェーデンは北極圏に接し、国土の大部分は森林だ。南部は農耕に適した平地が多いが、冬は長く、その寒さは尋常ではない。1年の半分はほとんど雪におおわれ、ろくに農作業もできないし、外に出るのも大変だ。たとえば、川や井戸では昼間のうちに水をくんでおかないと夜には凍ってしまう。

このような環境ではなにごとも「あとでやる」という言い訳は通用しない。昔からスウェーデン人は「あとでラクをするため今はガマンする」を重ねてきた民族なのだ。日ごろから長い冬に備えた食料の備蓄や倹約、先のことを考えた計画性をもつことは当然で、がまん強く、今より未来をとる志向なのである。

とはいえ、あまりに税金が高いので「働いた金をとられるのはイヤだ」と海外に流出する若者も少なくない。さらに、医療が発達した国だから長生きの人が多く、80歳以上の割合は世界一の一方で、少子高齢化が深刻となっている。

♥飲み会の酒も各自で用意する

気候は寒冷で人の住居のまばらなスウェーデンでは「なんでもひとりで自力でやる」という考えかたが徹底されている。おかげで性格はきまじめで個人主義が強い。

たとえば、学生の飲み会では、各人がバラバラに自分の飲む物を用意して集まる。日本でよくあるように、隣の人のグラスに酒を注いだり、先輩が太っ腹なところをみせて全員分オゴることはめったにない。ちなみに、もともと禁欲的で健康志向がやたらと強いため、大酒を飲む人も少ない。同じ北国でもロシア人とは大違いだ。酒は専売公社の店舗でしか買えず、普通の店では売っていない。

さらに、平等主義を徹底するスウェーデンの学生は、パーティーで食べ物のおかわりをするときも横並び。まず全員が皿の上のものを食べ終わるのを待ち、それ

●IKEAの店舗がある場所

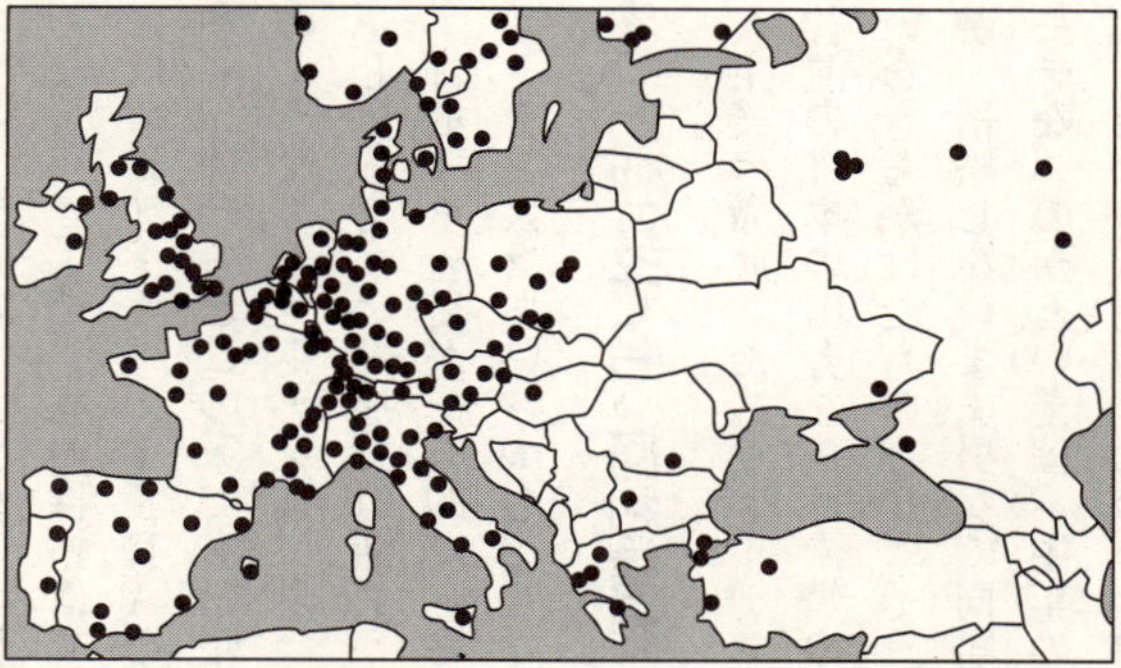

ヨーロッパ全体に点在している

から行儀よく並んで一斉におかわりをする。なんという几帳面さ……。ただし、3回、4回とくり返すうち、少しずつ崩れていくようだ。

まじめで実務的なスウェーデン人は、ビジネス上の会話でもハッタリや無駄なおしゃべりを嫌う。イタリア人などが好む派手な身ぶり手ぶりはあまり使わない。

会議の席で割りこみ発言も厳禁で、かならず人が話し終わってから挙手して発言しないといけない。日本で深夜にやっている討論番組なら人の話の途中でツッコミを入れるのは日常茶飯事だが、そんなことは絶対に許されないのだ。

日本人は沈黙が続くと相手の機嫌が悪いのかと思って気まずく思ってしまう

が、スウェーデン人は会話が途切れてもまるで気にしない。

そんなスウェーデン人の性格は、ひとことで言うなら職人かたぎ。実際、スウェーデンには家具メーカーのＩＫＥＡや通信機器のエリクソンなど製造業のすぐれた企業が多く、昔からどこの家でも日曜大工がさかんだった。

このようなスウェーデン人、ぶっきらぼうで愛想が悪いのかといえば、こまめで礼儀正しい人も多い。店では店員が商品を包んで渡してくれたら「ありがとう」と言う。日本なら店員が一方的に「お客様は神様」という態度をとるが、平等主義のスウェーデン人はあいさつも相互対等と考えるからだ。

♥ずっと独身でも、何も言われない⁉

個人主義の徹底したスウェーデンでは、いい歳をして未婚でも放っておかれる。ひと昔前の日本の田舎なら、未婚の男女には頼まなくても親類のおばさんなどがお見合いをもちかけたものだが、そういうおせっかいはスウェーデンではほぼない。

だが、結婚しないまま男女で同居している事実婚の人も多い。そして、独り身の人はモテないのかといえば、中年の独身だがホームパーティーに親しい異性の友人を呼ぶ、という人もけっこういたりする。

スウェーデンでは、結婚するのも離婚するのも「個人の勝手」という考えかたが根強いのだ。同性愛も個人の自由として許容されている。なんと、教会には平然とゲイの牧師さんがいる場合だってある。同じヨーロッパでも、古いカトリックの価値観が強いイタリアやスペインではちょっと考えられない。

そんなスウェーデン人なので、やたらと離婚率が高いが、育児関係の社会保障も手厚いのでシングルでもわりと子育てしやすく、女性の社会進出率も高い。男並みにバリバリ働く女性は多いし、ベビーカーを押している男性も少なくない。

男女平等が進んだのは1960年代からだ。これを男性がわりとすんなり受け入れたのは、もとより「何でも自力でやる」というお国柄だから。男でも料理や掃除ぐらいできて当然、むしろ、微妙な味つけや焼き加減などは妻に任せるより自分でやったほうが納得できるという人が多かったのかもしれない。

♥ケンカはしないがヘヴィメタルが大好き

スウェーデン人は北欧の海賊ヴァイキングの末裔だが、19世紀初頭のナポレオン戦争のあと、およそ200年近くのあいだ、まったく戦争をしていない。

とはいえ、スウェーデン人はサバイバル意識が強く、国防には力を入れている。

2010年まで徴兵制があり、戦車や戦闘機も輸入せず独自開発していた。平穏を維持するのにもそれなりの代価は必要、という意識があるのだ。

きっちりしているだけに暴力や争いが嫌いで、あまり自己主張はしない謙虚な性格だ。昭和の日本では、できの悪い生徒は教師や先輩にバシバシ叩かれたものだが、スウェーデンでは体罰禁止が法律で定められている。

暴力や争いを避けるあまりか、ひどい話もある。ある女性が住宅街で暴漢に襲われたが、周辺住民がだれも通報しなかったので殺されてしまった。警察の事情聴取に対し、住民は「かかわり合いたくなかった」「だれかが通報すると思った」などと答えたという……。なんとも薄情な話だ。

また、スウェーデンといえば、爆音を流し、勇敢なヴァイキングや中世の北欧騎士の世界を雄々しく絶叫するハードロック「ヘヴィメタル」のバンドがやたらと多い。これは逆説的に、おとなしくて争いを嫌う国民性だからこそ、たまったストレスを過激な音楽で発散する人が多いのかもしれない。

♥趣味は散歩。他人の土地でも平気で歩く

1年の半分近くを雪に閉ざされた環境で過ごすスウェーデン人は、それだけ夏の

●スウェーデン人の余暇の過ごしかた

森林を散歩する
家の中でなにもせず
ボーッとする

なんの目的もなく、森を散歩し、寒くなったら家でダラダラ過ごす

緑や自然の恵みをありがたく思う心が強く、自然への愛着が深い。

スウェーデンには自然享受権（アッレマンスレット）というものがある。だれかの私有地であっても、山林では散歩したりテントを張ってキャンプしたり、きのこや花を摘むのは自由、という権利だ。個人主義の国なので、他人の私有地に勝手に入ればひどく叱られるかと思いきや、ちょっと意外である。

昔の日本人も自然を愛する気質は強かったが、それでも野外に出るときは、花見や紅葉狩りなど、季節ごとの節目や目的があった。スウェーデン人はそんなことは考えない。ただダラダラと自然のなかで過ごすこと自体を楽しむのだ。

自然を愛するスウェーデン人は、エコに対する意識も高い。日本ではエコという と地球規模の問題と考えられているが、緑の豊かな季節が短いスウェーデンでは、日ごろから、森の木々でも野の草花でも自然から得られる物は有限、という意識がある。

また、お店ではオシャレなデザインのエコバッグがよく売られていたりする。エコといっても改まった話でもなく、しっかりビジネスと結びつけ、センスの良い商品を楽しんでいるのだ。

♥北欧三国の気質が似ているようで違うところ

北欧諸国で隣接するノルウェー、スウェーデン、フィンランドは、シャイな気質、自然を愛する志向、福祉に力を入れた政策などが共通する。このうち、スウェーデンはかつてノルウェーとフィンランドを支配していた時期があり、今でも社会福祉政策の数々で手本を示す立場だ。

とはいえ、ノルウェー人とフィンランド人は兄貴分のスウェーデン人を「ちょっとまじめすぎて、フットワークが鈍いんじゃないの」とみているようだ。

こんな話がある。ある国際会議のあと、会議場から宿舎までのあいだに海岸があったので、ノルウェー人は砂浜を裸足で楽しげに歩いて帰った。ところが、スウェーデン人はその姿に冷たい視線を向けながら舗装道を歩いて帰ったという。

フィンランド人にいわせると、自分たちはなにごとも自発的で衝突を辞さず、スウェーデン人は計画的だから衝突は回避する、となるそうだ。

もともと、北海に面したノルウェーは荒々しい海に挑む漁師と商人の国、スウェーデンは内陸で農地を管理して過ごす地主貴族の国だった。そしてフィンランドは東の大国ロシアとの衝突が絶えない立地条件だった。つまり、スウェーデン人は外にいる弟分を防波堤にすることで、内地で平穏に過ごしてきた――ということになるようだ。

微妙な違いを知らずにノルウェー人、スウェーデン人、フィンランド人をごっちゃにすると怒られるかもしれないので気をつけよう。

スウェーデンの代表的人物

イングヴェイ・マルムスティーン

（1963年〜）

北欧ヘヴィメタルを代表するギタリスト。19歳で渡米してデビュー、すさまじい速弾きで世界のロックファンを驚かす。楽曲にはバッハなどのクラシック音楽の影響も受けている。自称貴族の末裔で、若いころは貴公子らしいイケメンだったが、中年になって以降は太り気味だ。

ノルウェー

国は豊かでも清貧ライフを愛する

DATA

・**首都**：オスロ
・**人口**：約503万8100人
・**面積**：38万6000㎢（日本とほぼ同じ）
・**言語**：ノルウェー語
・**宗教**：福音ルーテル派が大多数

♥手つかずの大自然が生んだ怪物トロール

ノルウェーは、日本とほぼ同じぐらいの面積に、日本のわずか二十分の一以下の人口しか住んでいない。国土の大部分は氷河と森林で、耕地はたったの３％だ。大西洋に面するこの国では、古くから男たちは海へ漁に出かけていた。漁で使う底引き網はトロール（ｔｒａｗｌ）と呼ばれる。これと直接関係はないが、ノルウェーにはかつてトロール（ｔｏｒｏｌｌ）という怪物がいたという。いや、いまだにトロールは実在すると信じる人が少なくない。ときおり、人の持ち物がなくなると「トロールの仕業だ」と言われるのだ。日本でも昔は、水辺で物がなくなると「河童《かっぱ》の仕業だ」と言われたものだが、これとよく似ている。

トロールの伝承は北欧一帯にあり、フィンランドの童話に登場するムーミンも、ムーミントロールと呼ばれる。だが、ノルウェーの土産物屋にあるトロールの人形は、ムーミンのように丸々としてかわいらしい姿ではなく、目鼻が異常に大きくシワだらけの顔をした小人のようで、けっこうブキミだ。

日本ではすっかり森林開発が進み、「森の奥に妖怪がいる」という想像力の余地は乏しい。だが、ノルウェーにはまだ手つかずの大自然が残っているので、現代でもつい、怪物の実在を信じそうになるのは無理もないだろう。

実際、ノルウェー人は現代でも豊かな自然を深く愛する。休日は山歩きに出かけるのが通例で、庶民でもヒッテと呼ばれる山荘を持っている。山に別荘があるといえばリッチに思われるが、多くのヒッテは簡素な山小屋で電気も水道もない場合がある。このように、ノルウェー人は、あえて不便なキャンプ生活を楽しむのだ。

♥毎日サンドイッチの地味い～な食生活

国連の機関が定めた「国の文化度」の目安として、ＨＤＩ（人間開発指数）という示標がある。平均余命や教育水準、所得などから、その国の国民がどれだけ豊かな生活を送れているかを総合的に評価したものだ。

ノルウェーはこのHDIが2001年以降、10回も1位になっている（ちなみに、日本は毎年10位前後）。また、北海油田から豊富に石油・天然ガスが得られるため、一人あたりのGDPは10万ドル近く、日本やアメリカの2倍以上の額だ。

すると、さぞやノルウェー人は高級車や高級ブランド品や美食まみれの裕福な生活をしているのだろうと思いそうだが、暮らしはかなり質素である。

まず、食生活がきわめて単調で地味だ。ほぼ毎日、朝と昼と夜食はサンドイッチを食べる。パンはたいてい全粒粉やライ麦入りで黒っぽい。具にはチーズ、ハム、きゅうりのピクルス、レバーペーストなどを組み合わせる。寒冷な気候のため生野菜は少ないので、レバーペーストなどからビタミンを摂っているのだ。

温かい食事を摂るのはほぼ夕食のみで、たいてい焼いた肉や魚と茹でたジャガイモの組み合わせだ。食事が簡素な大きな理由は共働き世帯が多いためでもある。

そして、ノルウェー人は金もうけやデカイ話に頓着しない。1995年に、ノルウェーのヨースタイン・ゴルデルが書いた哲学入門の小説『ソフィーの世界』がベストセラーになった。作者のゴルデルはもとは貧乏教師だったのに、印税で金持ちになってしまい、おおいに戸惑ったという。

もっとも、ノルウェーには「嫉妬は石をも貫く」ということわざがあり、ほかの人がいい思いをすると非常に妬むともいう。案外、質素な生活をしながら「抜けがけしてウマいもの食ってる奴はいないよな?」と思っているのかもしれない。

♥朝でも昼でも夜でもあいさつは同じ

ノルウェー人のあいさつは独特だ。親しい関係なら、昼でも夜でも「モーン(Morn.)」と声をかける。これは本来「朝」の意味で、つまり「おはよう」となる。実際、北極圏に位置するノルウェーは、夏は白夜のため夜でも明るく、冬は昼でも薄暗いので、昼夜の概念がほかの地域とは少し違うようだ。

朝は少し早く、多くの職場は8時から仕事をはじめ、午後4時には終業になる。多くの人は飲み屋に寄ったりせずまっすぐ家に帰り、夕食後は遅くまで飲んだりしゃべったりするのが通例。お呼ばれした客人がさっさと帰ろうとするのは失礼に当たる。ちなみに、街の商店は明け方の4時とか5時ごろまで開いている。

同じ北欧のスウェーデン人やフィンランド人のように、ノルウェー人もヨーロッパ人のなかではシャイで口が重い。ノルウェー人は初対面の人からはぶっきらぼうに見えることが多い。だが、たいてい酒が入るとよくしゃべる。

隣国のスウェーデン人は健康志向が強く酒飲みが少ないが、ノルウェー人は酒瓶を持って訪ねてゆくと仲良くなりやすいだろう。なにしろ、国内では酒税が高いので、わざわざ海を越えてデンマークで酒を買い込む人もいるぐらいだ。

そして、寒冷な気候のなかで生活するノルウェー人が、寒さをまぎらわせるアルコールと並んで愛するのが太陽の光だ。首都オスロの公園では、夏場になると人目もはばからずに堂々と水着姿で日光浴している人がゴロゴロいる。北国だからみないつも厚着かといえば、そういうわけでもないのだ。

♥総理大臣も自宅で床の雑巾がけをする

北欧では、男女平等の政策がとられ、女性の社会進出率が高い。なかでもノルウェーは女性の立場が強く、一方で男は家事をして当然という風潮がある。

96年、労働党のトルビョルン・ヤーグランは次期首相に決まったときの記者会見で、「2分前、妻に電話して首相になりそうだがどう思うかと相談したら、いいでしょうと言われました」と発言した。労働省に勤めていたヤーグランの奥さんのほうは「床の拭き掃除は、彼の役目ですから」とコメントしている。

78年に定められたノルウェーの男女平等法では、多くの公的な機関では女性の比

●ノルウェーの子ども・家族省の役割

1991年からスタート。4つの部門からなる
・子どもと青年・家族・男女平等・消費者

ノルウェー国会

消費者の権利や利益、家族の経済保障や社会保障などを担当している

率を最低40%とした。これには「逆差別だろ！」という声もあったほどだ。大臣が率先して家事や育児に取り組み、女性の社会進出を支えている。

ノルウェーの政府には、男女平等政策や育児関係の行政などを担当する子ども・家族省がある。あるとき、この家族大臣が急に辞任を申し出た。理由は「大臣の仕事は忙しすぎる。僕は家族と過ごす時間を大事にしたい」というものだ。国民は批判するどころか、むしろ「よく言った！」とばかりに納得したそうだ。

もとより女性の大臣が多いノルウェーだが、2011年には、男性の大臣が育児休暇を取ったため、なんと一時的に閣僚の半分以上が女性という状態になった。

じつは、女性がどんどん前に出る傾向は現代にはじまった話ではない。かつて中世のヴァイキングの時代には、男が漁や海賊稼業のために長い航海に出ると、そのあいだは残った女がバリバリと働いて、農地の管理などをしていた。

もともと北欧人は男女とも体格がよく、現代のノルウェーの魚市場でも、男にまじって大きな荷物を運んでいるたくましい女性が少なくない。

♥EUには入らないが移民は受け入れる

ノルウェー人が嫌がることのひとつに、外国人から「物価が高い」と文句を言われることがある。が、これはノルウェー人自身もしぶしぶ認めている。

たとえば、世界のどこでも買えるビッグマックが、一個662円（43クローネ）、EU加盟国の平均が340円相当で、日本が360円だから1・9倍にあたる。これはまだ安いほうで、ちょっとした食事で数千円相当かかる店が少なくない。サンドイッチをせっせとつくるのも外食にお金がかかるからだ。

物価高の理由のひとつは、充実した福祉政策を支えるために税金が高いからだ。消費税率はスウェーデンやデンマークと同じく25％もする。

そんなノルウェー人の外国に対する態度は、閉鎖的ともオープンともいえる二面性をもっている。ノルウェーの国民は1972年と94年の二度にわたる国民投票の結果、「EC（EU）には入らない」と決めた。北海油田で経済は潤っているし、豊富な漁業資源がEUの統制下に入るのを嫌がったからだ。

ただし移民の受け入れは非常に多い。81年の人口は410万人だったが、30年間で100万人近く増えたことになる。今や人口の1割以上が移民だ。ただし、2011年にはこの政策に反発した白人至上主義者の大規模なテロ事件が起こっている。ノルウェー人は本来おとなしいが、この犯人は不満をためすぎていたのだろうか？　いずれにせよ許しがたい凄惨な事件だった。

とはいえ、グローバル化の進む昨今、人口は少なく物静かな人が多いノルウェーも、国際社会の荒波にのまれるのは避けられない立場だろう。

ノルウェーの代表的人物

フローデ・ヨンセン

（1974年～）

ノルウェーリーグを代表するサッカー選手。プロ選手になる前は警察官だった。2001年と04年の二度、得点王の座に就く。2006年に来日、名古屋グランパスエイト、清水エスパルスでフォワードを務めた。体格のよい人間が多いノルウェー人らしく、身長188センチと大柄。

デンマーク

ドライで独創的、そしてみんなバラバラ

DATA

- **首都**：コペンハーゲン
- **人口**：約560万人
- **面積**：約4万3000㎢（九州とほぼ同じ）※フェロー諸島とグリーンランドを除く
- **言語**：デンマーク語
- **宗教**：福音ルーテル派

♥国土も人間関係も高低差がない！

ときおりデンマークは「平たい国」と呼ばれる。国土の大部分は海抜170メートル以下の平地で、高い山もないからじつに風通しが良い。おかげで雲が高速で移動し、すぐ天気が変わり、雨は横殴りに降る。

そんな高低差が少ない国土に住むデンマーク人は、国民のあいだでも地位の「高低差」は少なく、なにごとも平等がモットーのお国柄だ。日本なら国会議員の年収は2000万円ぐらいあるが、デンマークではせいぜい750万円。ある意味、平等の代表例といえるかもしれない。

デンマークは立憲君主制の国で、国王一家と国民の距離も近く、先代のフレゼリク9世王は、近所の子どもを膝の上に乗せて、デンマークの国民作家たるアンデルセンの童話を読んで聞かせるような人だったという。

とはいえ、デンマークにも「高い」ものはある。北欧諸国で共通することだが、医療や福祉のレベルが高い代わりに税金も物価も高いのだ。そのうえ、高い税金や徴兵制など多くの義務を背負って国を支えているというプライドも高い。ついでにいえば、男女平等の政策をとっているから、女性の地位も高い。

代わりに「低い」のは貯蓄率と覇気だといわれる。競争する機会が少ない国なので、ガツガツとお金を貯めたり、成り上がりをめざす人もいないのだろう。

♥国土は小さいのにまとまりがない人々

ところで、デンマークは「北欧」といえるのか？　日本人にはピンとこない人も多いだろう。地図上ではドイツの北にあるユトランド半島がデンマークの主要部分にみえる。

だが、デンマーク人の五分の一近くが住む首都コペンハーゲン一帯は、バルト海に浮かぶシェラン島の東端にあり、スウェーデンとは目と鼻の先だ。

かつて中世のデンマークはスウェーデンとノルウェーを支配下に置いていた。ところが、16世紀にはスウェーデンが独立。19世紀以降はフランスとプロイセン（ドイツ）に敗れ、国土の小さな国に転落してしまった。

しかし、不屈のデンマーク人は大幅に領土を失ったのをきっかけに、改めて国土の開拓を進め、ヨーロッパ随一の牧畜国となった。現在のデンマークは国民が小さな島々に散らばっているので、各地方の独立意識も強い。それについての小話がある。

北欧諸国の人間がスノーボート（雪ぞり）の練習をしていて、コーチから「俺について来い！」と言われたらどう反応するか？

几帳面なスウェーデン人は、何時間も言われた通りについていく。

自発的なフィンランド人は、「ひとり1台スノーボートをくれ」と言いだす。

他人の指図を嫌うノルウェー人は「自分たちが教える」と言いだす。

そして、デンマーク人はというとバラバラの方向に散らばってしまい、あとでふり返ると誰もいないという。まとまりがなく、個人主義が強いお国柄を表わすたとえだ。

もっとも、デンマーク人は一見バラバラのようでも、強国ドイツの脅威にさらされてきただけあって、愛国心もわりと強い。デンマーク人に言わせれば、この国は

10世紀から続いているヨーロッパでは最古の王国だ。

♥遠慮しないし空気も読まない

北欧諸国には多い傾向だが、デンマーク人も個人のプライベートを尊重するので、身内以外の人間にあまりオープンではない。日本の高齢者介護施設では、旅館のように大部屋で雑居の場合があるが、デンマークでは赤の他人と同じ部屋で過ごすなど考えられない。

日常生活の自己管理も徹底している。なんと、電気や水道の消費量は自己申告制だ。電力会社や水道局が検針担当を派遣する手間と人件費をはぶくためもあるのだろうが、数字をごまかす人がいないからこそ成り立つ制度だろう。

多くのデンマーク人のあいだでは「信頼を裏切るのは、人としていちばん恥ずかしい行為」という意識が共有されている。その一方で、自分が正しいと思っていることなら、たとえ相手が嫌がることだろうと遠慮なくズバズバと言ってしまうところがある。

2005年に起こった「ムハンマド風刺漫画問題」は、こういう気質と関係がありそうだ。イスラム教は偶像崇拝を禁じているので、開祖のムハンマド（マホメット）の肖像画を描くのはタブーだ。しかし、デンマークの新聞が、ムハンマドの頭に巻いたターバンが爆弾になっているなどの風刺漫画を堂々と載せた。

当然、イスラム圏の国々からは非難が殺到し、漫画を描いた人物への暗殺未遂事件も起こっている。だが、デンマークの新聞社や出版社は「表現の自由」を主張し、あくまでも抗議に屈しない姿勢を通した。

日本の新聞社や出版社では、うっかり過激な記事を書いて抗議を受けないようにと、細かな「自主規制」が働く。良くも悪くも「空気を読む」ことが美徳と考えるお国柄だからだ。その点デンマーク人は良くも悪くも遠慮がないのだ。

♥ドライな親子関係――家族のない国へ

デンマークの子どもは、小さいころから自主性や独立性を身につけさせられる。学校では試験をせず、教師と生徒が対等に対話しながら学ぶ教育方針が貫かれ、生徒の成績を比較しない。日本のような受験競争はないから、大学への進学は簡単だが、かわりに必要な単位を取って卒業するのは大変だ。

早くからアルバイトをする学生が多いデンマークでは、15歳から所得申告の対象者となり、18歳になると親元を離れるのが通例だ。学生の住居費などは国が補助金

●各国の全世帯に対する単身世帯数の割合

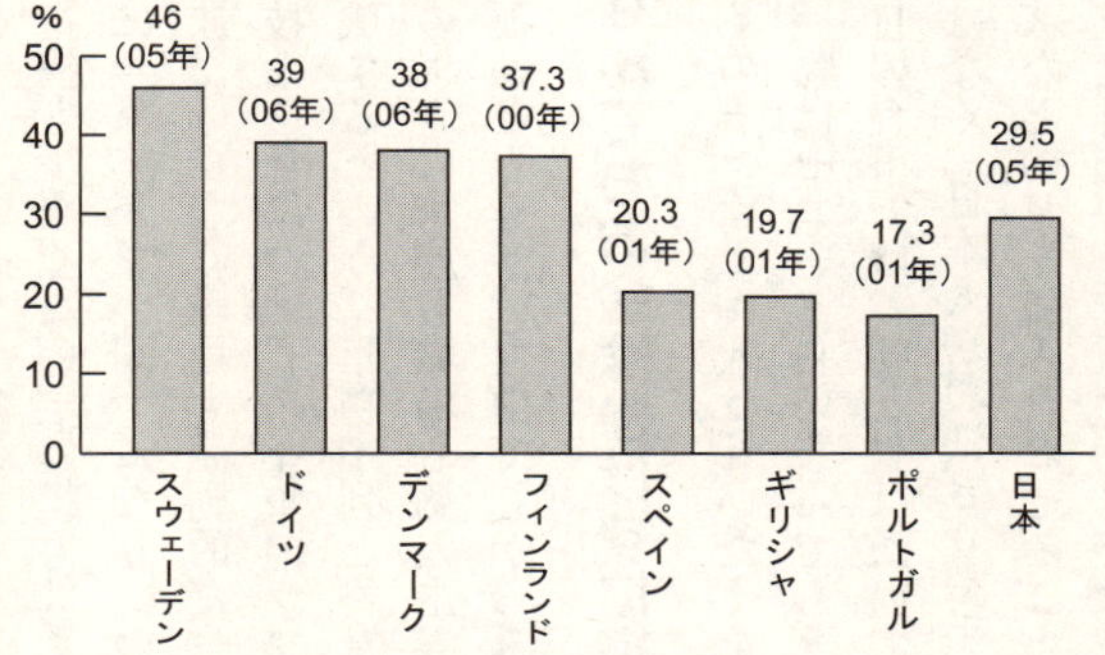

社会保障の手厚いスウェーデンに迫る勢いで、今も増えている

を出すので、親が仕送りをすることはほぼない。

ドライな親子関係にみえるかもしれないが、逆にいえば「30歳を過ぎても親元でダラダラとニート」などという甘えん坊にはならない。

さらに、家によっては子どもが親の名をファーストネームで呼ぶ場合もある。これは、夫婦別姓が基本で、離婚、再婚が多いからだ。血のつながっていない父親や母親を、無理にお父さんお母さんと呼んだりはしないのである。

クリスマスのようなイベントも一家そろって過ごすとはかぎらない。片親といっしょに過ごす人や、離婚して別居になった親と過ごす人もいる。

だが、さすがに個人主義がいきすぎて、家族がバラバラになってしまっているという指摘も少なくない。近年ではひとり暮らしや老夫婦だけの世帯がどんどん増え、急速に「家族がない国」になりつつあるようだ。

家族だけでなく職場も流動的だ。学歴より資格を重視するので、成人してからも専門技術を身につけ、スキルアップして転職する人が多い。一人あたり生涯に6回も転職するという。年功序列と終身雇用を基本としていた日本とは大違いだ。

このように家族も職場も個人主義が徹底されるデンマーク人、人間関係がそっけなく孤独と思うか、自由でしがらみが少ないと思うかは人それぞれだろう。

♥なんでもお金はかけずに楽しむ天才

多くのデンマーク人はぜいたくをせず、金をかけないで生活を楽しむ工夫に頭を使う。物はセコいぐらいなんでもきっちりと使い切る。

毎日の食事では、朝と昼はたいてい自作のサンドイッチだ。市販の完成品を買うのではなく、日本人がおにぎりや手巻き寿司をつくるような感覚で、自分で魚や肉、チーズなどの具を組み合わせることを楽しむ。

少々意外だが、デンマークでは喫煙の年齢制限がなく、高校生ぐらいでも平気でタバコを吸う。愛煙家は日本のように吸いかけで火を消さず、一本をギリギリ最後まで吸う人が多い。

また、デンマーク人は古い物を大事にする。学校の教科書は先輩の物を再利用するし、とくに自家用車は購入時の税率が高いので長く乗る。多くの人にとって、日常の交通機関は自転車だ。平地の多いデンマークは坂が少ないのでちょうどいい。

デンマーク人の発明のなかでも、レゴブロックはまさに子どもが自分で工夫してくり返し遊べる玩具だ。飛行機でもライオンでも、なんでもつくれる。

デンマークでは、各家庭はもとより、病院や薬局、空港など、子ども連れ客が待たされる場所にはかならずレゴブロックを常備している。親の用事が済んでも、子どもがレゴブロックの組み立てに熱中して、親のほうが困ることがあるという。子どものころから自分で楽しみをつくる天才なのだ。

デンマークの代表的人物

ハンス・クリスチャン・アンデルセン

(1805〜1875年)

デンマーク中部のフュン島生まれの童話作家。若いころはオペラ歌手をめざすが挫折。文学の道に転じて、1835年から詩と多くの創作童話を発表。じつは現代でいう「非モテ男子」だったようで、有名作品の『人魚姫』は、当人の悲恋経験が反映されているともいわれる。

バルト三国

大洋にあこがれるエストニア、ラトビア、リトアニア

DATA

エストニア
- **首都**：タリン
- **人口**：約129万人

ラトビア
- **首都**：リガ
- **人口**：220万人

リトアニア
- **首都**：ビリニュス
- **人口**：298万1000人

♥20世紀に生まれた「三国ワンセット」

バルト三国（エストニア、ラトビア、リトアニア）と聞いても「どこ?」と思う日本人は多いだろう。じつは、ヨーロッパでもこの地域の認知度は低い。たとえば、三国の真ん中にあるラトビアの首都はリガだが、ドイツのテレビでは堂々と「ラトビアの首都タリン」と放送したという（タリンはエストニアの首都である）。

バルト海に面するエストニア、ラトビア、リトアニアが三国ワンセットでみられるようになったのは、第一次世界大戦後からで、ここ100年ほどの話だ。この三国は中世から近世まで、それぞれが時期によってスウェーデンの支配地になったり、

ポーランドの支配地になったり、ロシアの支配地になったりしている。

かつては三国とも旧ソ連に属したが、風景も気候もロシアとはかなり違う。教会の建物はロシア風のたまねぎ型の屋根ではなく、天を突くような尖塔のあるドイツ風のゴシック建築が多い。バルト海に面し、メキシコ湾流（大西洋を流れる暖流）の影響で、寒さもロシアの内陸ほどきびしくない。

三国で共通するのは歌を愛することだ。旧ソ連からの独立時は、武力によらない抵抗として、祖国の風景を歌う愛国的な唱歌や民謡を合唱する運動で盛り上がった。

国民の気質は、エストニア人とラトビア人は北欧人らしく無口でシャイ、それにくらべると、信心深いカトリック信徒が多いリトアニア人は感情豊かだといわれる。

三国で一部の単語は似ているが、日常会話は大きく違う。たとえば「ありがとう」は、エストニア語では「アイタ」、ラトビア語では「パルディエス」、リトアニア語では「アチュウ」……なるほど、これではまったく別の国だ。

旧ソ連からの独立では力を合わせた三国だが、仲が良いのかといえば、今では微妙だ。北のフィンランドと言葉や文化が近いエストニア人は北欧に仲間意識をもつが、カトリック信徒が多いリトアニア人は西欧に仲間意識をもち、あいだに挟まれたラトビア人は「俺ら三国は仲間じゃなかったのか？」とぼやく立場だという。

♥エストニアのサウナはウワサ話の発信地

エストニアはときおり、旧ソ連圏きってのＩＴ先進国と呼ばれる。インターネット電話「スカイプ」を開発した国で、官公庁では紙の書類は使わず、他国に先駆けて２００２年から電子投票を段階的に導入している。

ところが、首都タリンを一歩離れれば田舎だ。国土は平野が多いが、大森林など手つかずの自然も多く残っている。地方に行くと、おじいさんやおばあさんは、都会の病院に行かず、森にわき出ている泉や虫を利用した、おまじないのような民間療法をやっていたりもする。

今でこそハイテク立国のエストニアも、少し前までは非常に貧しかった。そのため、食べ物をとても大事にする。食事の前に「パンがずっと続きますように」と言う。普通、落とした食べ物は捨ててしまうが、エストニアではテーブルからパンが落ちたら、拾って口づけする習慣があるほどだ。

また、エストニア人は、お隣のフィンランド人と同じくサウナが大好き。昔からサウナは、男同士、女同士がそれぞれに集まって裸で語り合う社交場だった。エストニアで「女の人たちがサウナで言ってたよ」といえば、ウワサ話をするときの「こんな話が流行ってるんだけど～」という意味のお約束のフレーズだ。

歴史をみると、バルト三国のなかでも、エストニア人はとくに「自分たちは北欧の国」という気持ちが強い。エストニアは14世紀以降、ドイツ騎士団領となったりロシア領となったりしているが、16～18世紀のスウェーデン支配の時代を今でも「古き良きスウェーデン時代」と呼ぶ。当時はエストニア語が大切にされていたからだ。

♥3人集まると飲み会にならないラトビア人

ラトビアの首都リガは、バルト海きってのオシャレな都会だ。西欧と東欧を結ぶ交易拠点として栄えた街並みは国際色豊かで、旧ソ連時代の映画では、ラトビアの首都リガの風景がロンドンやベルリンに見立てられたこともある。

だがやはり、一歩首都を離れると田舎だ。地方に行けば、中世のドイツ騎士団が開拓した風情ある村落が残っているが、今も水洗トイレがない場所が多い。外国から来た観光客は閉口するが、当地の人間は、「ラトビアの自然を絶賛しておいてそれはないだろう」と苦笑する……。ごもっともである。

これはラトビアにかぎらないが三国の国民には「閉ざされた辺境」という意識がある。ラトビアやエストニアでは、「海」と「大洋」はまったく違う意味をもつ言葉だ。

かつて、エストニアのレナルト・メリ大統領は「わたしたちは大洋に永遠のあこがれを抱く沿岸の民族」と発言した。スカンジナビア半島の内側にあるバルト諸国にとって、目の前のバルト海と大西洋や太平洋はまったくの別物なのだ。

また、これもラトビアにかぎらないが、旧ソ連崩壊後、男の立場はかなり低くなっている。社会主義の時代、男の多くは官営の企業や農場で働いていたが、それらが潰れて失業した人が多いからだ。一方、旧ソ連の学校教員には女性が多かったので、先生をしていた奥さんが一家の働き手、という世帯が少なくない。

ラトビアは小さな国だが、意外にまとまりがない。なにしろ「フランス人が3人集まれば愛を語り、ロシア人が3人集まればウオッカを飲み、ラトビア人が3人集まれば3つの政党をつくる」という言葉があるぐらいだ。しかし、民謡や唱歌の合唱団は、美しいハーモニーの歌声を聞かせる。

♥信心深いリトアニア人も、若者はアメリカかぶれ

エストニアとラトビアには寡黙で人見知りな人が多いが、リトアニアでは教会に行くと満面の笑みを浮かべた人が見られるという。

カトリック国のリトアニアには、とにかく教会が多い。北部の都市シャウレイに

●リトアニアの十字架の丘

第４の都市といわれる「シャウレイ」にあり、５万基以上の十字架が立つ

は十字架の丘という場所があり、無数の十字架が並んでいる。宗教が弾圧された旧ソ連時代、秘密警察のＫＧＢ（国家保安委員会）はこの丘をブルドーザーで壊してしまったが、信心深い住民たちは、夜な夜な新しい十字架をこっそりと立てていったという。

リトアニアはバルト三国のなかで唯一、13～15世紀のあいだ独立国だった。人口も多いので「ほかより自分たちのほうが上」という意識がある。

16～18世紀までは「ポーランド・リトアニア共和国」というポーランドと一体の国だった。それではポーランドに仲間意識をもっているのかといえば、話はそう簡単ではない。当時はポーランド貴族がリトアニア人を支配する形だったので、現在も「ポーランド人は嫌いだ」という人が多い。陸続きの隣国がない日本人にはピンとこない話だが、ヨーロッパ人のあいだにはよくあることだ。

18世紀末にポーランドもろともロシアに吸収されて以降は、ロシアの支配を逃れるためほとんどの村から西欧やアメリカへの移民が出た。じつは、アメリカのアクションスターだったチャールズ・ブロンソンもリトアニア移民の子孫だ。

ところが、現在のリトアニアはバルト三国でいちばんロシア人への反発が弱い。それは、エストニアとラトビアは旧ソ連時代に入植したロシア人が人口の30％を占めるが、リトアニアのロシア人は10％未満で、民族の衝突が少ないからだ。

そして現在のリトアニア人の関心は、すっかり西欧やアメリカに向いている。若い世代はアメリカ文化が好きで、はじめてマクドナルドが開店したときは、2週間で10万人もの客が集まった。

♥バルト三国は日本とほとんど隣国のふしぎ

リトアニアの2大都市ビリニュスとカウナスには、戦前のカウナス日本領事館に勤務していた杉原千畝《ちうね》副領事の名を取った「スギハラ通り」がある。

杉原は第二次世界大戦中、ナチスの迫害を逃れて出国をはかったユダヤ人に対してビザを発給し、約6000人を無事に出国させた。

当時の日本はナチスドイツと同盟関係だったので、杉原の行為は一個人の正義感による独断だった。当の日本人も忘れたこの行為を、遠いバルト海のリトアニア人は忘れずに覚えている。

エストニアとラトビアも、日本への関心は高い。それぞれの首都タリンやリガでは、寿司などの日本料理店も好評だ。なかには「ラトビアと日本は隣国のようなもの。あいだにはロシアがあるのみですから」と言う人がいるくらいだ。想像力を広げればこれはそのまま、ウクライナ、フィンランドなど、ロシアと隣接する多くの国々にも当てはまるだろう。

一見、日本人からは縁遠い国々でも、ちょっと見かたを変えれば、日本との縁は少なくないのだ。

バルト三国の代表的人物

把瑠都 / バルト・カイト

(1984年〜)

スウェーデン系エストニア人の力士。本名カイド・ホーヴェルソン。少年時代から相撲と柔道に触れ、2004 年に来日して三保ヶ関部屋に入門、順調に大関にまで昇進した。身長 198 センチで体重 200 キロ近い巨体だが、語学の秀才で、ドイツ語、ロシア語、英語、フランス語も話せる。

アイスランド

自然も経済も極端な離島暮らしの村人

DATA

・首都：レイキャビク
・人口：31万9575人
・面積：10万3000㎢（北海道よりやや大きい）
・言語：アイスランド語
・宗教：福音ルーテル派が80％（国教）

♥雨が降っても傘をささない

ヨーロッパの辺境にある島国、アイスランド。日本も同じ島国だが、隣の朝鮮半島と最短で200キロほどの距離だ。しかし、アイスランドと隣国のノルウェーは、じつに1000キロも離れている。

アイスランドの人口は32万人ほど。日本なら一県どころか地方都市の人数しかおらず、北極圏に接するので草木も少ない。ちょっと都市部を離れると、すぐに氷河と火山ばかりの風景が見えてくる。

このような環境に生きるアイスランド人は、「自然に逆らわず生きる」という意識が強い。この国では雨が降っても傘をささない。理由は、風が強くて雨が横殴りに降ることが多いので、傘が役に立たないからだ。普通の店ではまず傘は売っておらず、ちょっと濡れるぐらいは当たり前だと思って受け入れている。

また、火山の噴火などで飛行機が欠航になっても、「まあ、しょうがないか」と怒りもせずに次の便を待つ。日常の足は自動車だが、街中を少しはずれると道路はデコボコで橋がかかっていない川も多い。ちなみに鉄道は走っていない。

日本では小さい子どもの健康に神経質な親も多いが、アイスランドでは赤ちゃんを寝袋に包んで乳母車に乗せたまま外で寝かせる習慣がある。まさに生後まもない時期から、自然に逆らうより自然に慣れることを体に教え込まれて育つのだ。

♥首相官邸に警備員がいない!

国家というより大きな島のアイスランドは、良くも悪くものんびりした国だ。まず、人が少ないため治安がかなり良い。外国から来た女性の旅行客が夜中にひとりで歩いていても、不審な人物に襲われるようなことはめったにない。

そして、国を動かす政治家と国民の距離が近い。まるで村長と村民ぐらいの感覚だ。火山の多いアイスランドには、あちこちに温泉があるが、大臣が仕事のあいまに国民と一緒に温泉に浸かって、直接話をするのもめずらしくない。

首相官邸は首都レイキャビクの普通の商店街のなかにあり、一見してやや大きめの平凡な民家のようにみえる。国会議事堂も古い小学校の校舎のような建物で、なんと警備員はいない。日本では考えられない驚くべきオープンさだ。

このようになんでもオープンなアイスランドでは、個人のプライバシーも筒抜けで、「ふたりが知っている話は街中が知っている」ということわざがあるほどだ。日本でも地方に行けば、地元の人間はみんな顔見知りで、近所のご主人の仕事先でなにがあったかなどは、すぐに話が伝わるだろう。これと同じである。

しかも、外に働きに出ている女性やアルバイトをしている中高生が多い。主婦同士の井戸端会議ばかりでなく、パートのおばさんや同じ職場のアルバイト学生のあいだで、世代を飛び越えてすぐにウワサが広まってしまう。

そんなアイスランドは、よそ者にはちょっと不便なところがある。観光客向けの高級なレストランはあっても、大衆食堂にあたる安い飲食店や居酒屋が少ないのだ。多くのアイスランド人は、外食をせずに自宅で料理をつくって食べる。だから、学生街や飲み屋街が成り立つ余地がないのだろう。

日本の食料品店では多くの商品が包装されているから、肉の臭いなどはしないが、

●アイスランドの国会議事堂とまわりのようす

警備や物々しい外壁などがない議事堂。1881年に建設された

アイスランドの肉屋では、羊の頭がそのまま丸ごと売っていたりする……。なんともワイルドだ。

♥姓がないのに先祖はいくらでもたどれるワケ

アイスランド人の名前はややこしい。なんとこの国には、姓というものがない。多くの人物は名前のあとに「○○ソン」「○○ドッティル」とつくが、これは「○○の息子」「○○の娘」という意味で、自分の名と親の名をくっつけているのだ。

日本でも明治以前は、武士の家柄ではない庶民の多くに姓はなかった。ヨーロッパも同じで、昔は庶民に姓はなかったのだ。

ところが、アイスランド人は代々の姓がないにもかかわらず、家系の話が大好きだ。逆にいえば、何代さかのぼってもその親の名前が簡単にわかるからだろう。

アイスランドは9世紀ごろにヴァイキングが開拓をはじめ、13世紀にノルウェーの王国の支配地となった。多くのアイスランド人は、先祖をたどるとノルウェーの王族に行きつくことになるという。ほとんどのアイスランド人は、色白で体格も良く、金髪が多い。だが、アメリカ大陸の先住民と共通するDNAをもった人もいる。このため、コロンブスのアメリカ大陸「発見」に先立ってアイスランド人がアメリカに渡っていたという説もある。

しかし、姓がないために起こる問題がある。名前だけでは親族関係がわかりにくいので、じつは血のつながったおいやめいと結婚してしまう人もいるのだ。

♥バブル以降の日本と同じ悩みをかかえる

現代のアイスランド人は、もはや北のユートピアの住人ではない。再開発や過疎にゆれる日本の地方都市のような状況に直面している。

地方から上京するようにアイスランドの若者は、EU圏のイギリスやドイツなどに留学するが、経済規模の小さい祖国に帰っても、せっかく身につけた知識や技能を生かせる職場は残念ながら少ない。

政府や企業家は、氷河と火山を生かした水力発電と地熱発電を活用すべく、電力を大量に消費するアルミの精錬工場を海外から誘致したが、開発をとるか自然保護をとるかで論議はつきない。

2000年の金融自由化以降、外国への投資が活発になり、多くの海外企業を買収し、自家用ジェット機を乗り回す成金セレブも続出した。しかし、08年に起こったリーマンショックで国の財政がいっきに破綻してしまった。

バブルの夢から覚めた現在のアイスランドは出直し中だ。シグルザルドッティル首相は「欲望がふたたびこの国を導くことはできない」と語っている。もとは周囲と離れた島国だったが、急に大陸の企業が進出し、情報がどっと入ってきたために世の中の変化の影響も極端で大変なのだ。

アイスランドの代表的人物

ビョーク

(1965年〜)

レイキャビク生まれの女性シンガー。母から音楽の英才教育を受け、12歳でデビュー。ザ・シュガーキューブスのボーカルを経てソロ活動に移る。生粋のアイスランド人だが、体格は小柄で顔つきは東洋人っぽいのが特徴。当人も若いころは日本文学に関心をもっていたという。

まだまだある!　北ヨーロッパ

天気が良ければ、工場で働くより海に出る

グリーンランド　北極海に浮かぶグリーンランドは、デンマークの自治領で、人口約５万人の島だ。名前と違って緑の木々は非常に少なく、ほとんどが雪におおわれた土地だ。

住民の大部分は、北アメリカの先住民（イヌイットの一派）で、日本人と同じようなアジア系の顔をしている。

今ではキリスト教徒が多数だが、グリーンランド人の土着の信仰は独特だ。海は魚などの恵みをもたらすが、空からはイヤな雨や雪が降ってくるので、天は悪だと考えているという。日本人のような農耕民族は、太陽の光や天をありがたがるものだが、目からウロコの意外な考えかたである。

グリーンランド人はもともと、大自然のなかに生きる狩猟民族だ。工場に勤めている人も天気が良いとアザラシ猟に出かけ、デンマーク人の経営者が怒ると「工場はいつでもそこにあるけど、アザラシは逃げちゃうじゃないか」と答える。

そんなグリーンランド人も、デンマークから独立をめざす動きがある。独立して経済的にやっていけるのかといえば、大規模な油田があるそうだ。独立のあかつきには、グリーンランド人もバリバリ働くのだろうか……？

South

エリア4

南ヨーロッパ

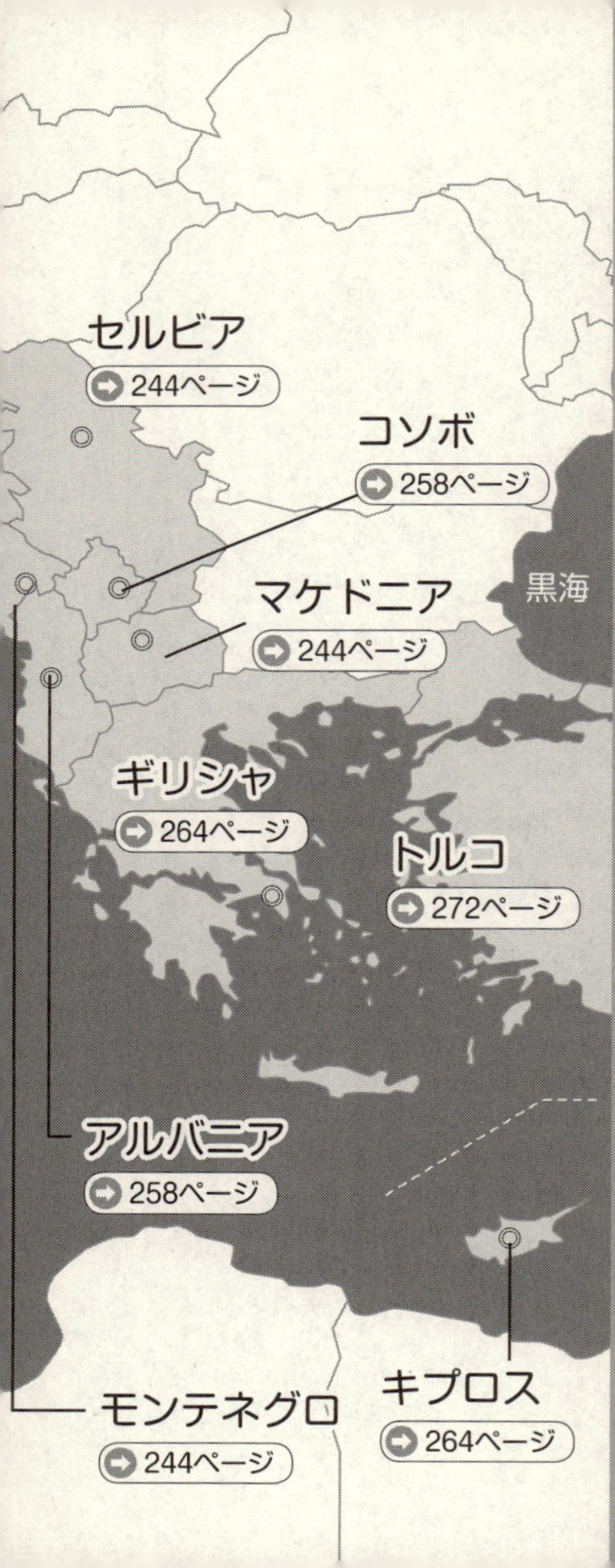

南ヨーロッパの国々

めげない強さと陽気さで、タフに生きる人々

「なんとかなるさ」が合言葉で、楽観的に考える

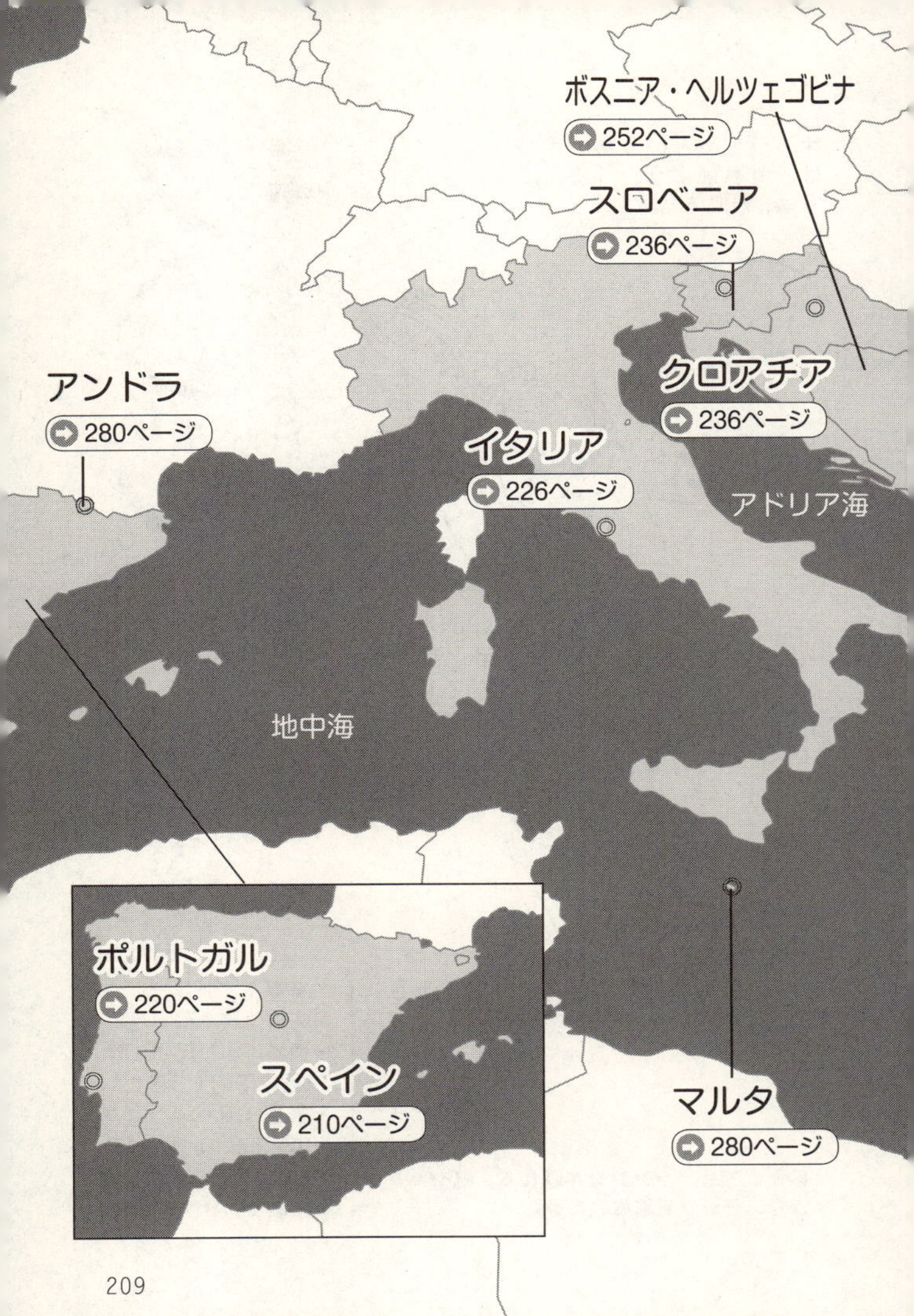
ボスニア・ヘルツェゴビナ
252ページ
スロベニア
236ページ
クロアチア
236ページ
アンドラ
280ページ
イタリア
226ページ
アドリア海
地中海
ポルトガル
220ページ
スペイン
210ページ
マルタ
280ページ

スペイン

勇敢？ 無謀？ なにごとにも極端

オーラ！　というあいさつは、「おはよう」「こんにちは」「こんばんは」
¡Hola!
目と口が大きく、クッキリとした顔立ち
露出度の高い服を着る

●どこでもフラメンコが踊れる。軽やかなステップを踏むのが得意

DATA

- **首都**：マドリード
- **人口**：約4719万人
- **面積**：50万6000㎢（日本の約1.3倍）
- **言語**：スペイン（カスティジャ）語、バスク語、ガリシア語ほか
- **宗教**：カトリックほか

◆日常会話もケンカ腰の自己主張の強さ

ワールドカップで優勝してからはあまり言われなくなったが、スペインは国内リーグの盛り上がりのわりに、国際大会でパッとしなかった。一説によれば、代表チームをつくっても、地域対立のせいでチームがまとまらないからだという。

イタリアも地域ごとに特徴がある国だが、スペインはそれ以上だ。スペインの気候は、首都マドリードのある内陸は乾燥しがちだが、ガリシアなど大西洋側は雨が多く、カタロニアなど地中海沿岸は温暖、と大きく異なる。スペインがはじめて統一されたのは15世紀で、各地の言葉は方言のレベルではなく、根本から違った。

たとえば、一般的なスペイン語（カスティジャ語）で「すみません」は「ペルドン」だが、東部のカタロニア語では「パルマティム」、西部のガリシア語では「デスクールパ」、バスク語では「バルカトゥ」といった具合。なんとカタロニアでは、スペイン語で大学入試の試験を行なった教師が処罰されたという話さえある。

皮肉な話だが、ファン・カルロス現国王はフランスのブルボン王家出身で、スペイン内のどこの地方出身でもなく、スペイン全土の国民に愛されている。

このように地方ごとに個性が強いスペイン人。個々人でも自己主張は強く、ズバズバと遠慮なく物を言う。西欧の人間には、スペイン人同士のちょっとした会話が、本気で殺気ギラギラの言い争いのように聞こえることもあるそうだ。

さしずめ、九州や関西の人間が軽いノリで「何言うとんのや」などと言うのが、関東の人間には脅し文句みたいに聞こえるのに似ているだろう。

◆生きるか死ぬかのバクチが大好き

同じラテン系でも、イタリア人は享楽的で平和なイメージがあるが、スペイン人は「情熱と狂気」が同居するといわれる。スペイン人は、スリルや冒険、死と向き合うなかでの生の輝きといったものが大好きだ。

そのいい例が闘牛だろう。派手な飾りのついた衣装に身を固めて、猛牛と戦う闘牛士は、ときとして闘牛場で命を落とすこともある。そうでなければ多くの場合、牛のほうが多数の観客の目の前で、剣で突かれて命を奪われる。

現代では「闘牛は動物虐待ではないか」という声も多い。だが、スペイン人は、文化として牛と人の決闘に熱狂する。彼らにとっての闘牛はスポーツではなく、日日本人にとっての相撲や歌舞伎のようなものだ。

闘牛はもっぱらアンダルシアなどスペイン南部の文化だが、ナバラなどの北部で

●スペイン名物の闘牛

命を落としても牛と戦う。今は女性の闘牛士もいる

は、牛追い祭が名物となっている。牛追い祭でも、1911年以来15人の死者が出ているが、参加者は危険を承知で楽しんでいる。

闘牛士はある意味でギャンブルだが一般のスペイン人もバクチ志向が強い。スペイン人は金の使いかたが極端で、クリスマスにはじつに年収の30％をつぎ込む。プレゼントや食事に加え、年末の宝くじで一攫千金を狙っておおいに盛り上がるのだ。

宝くじの売り上げは政府の大きな収入源で、賞金総額は、年によってはなんと3000億円相当を超え、国民の四分の三が宝くじを買うという。

◆昼はのんびり昼寝、仕事の終業は22時

スペイン人の1日の過ごしかたは昔から独特だ。多くの職場は朝9時ごろから仕事をはじめ、昼は午後1時から4時ごろまで昼休みになる。昼休みが長い分だけ午後の仕事は遅くなり、夜の8時か10時にやっと終わる。

やたら長い昼休みの時間、多くの人々はわざわざ一度家に帰ってゆっくり家族と昼食を食べ、そのあとシエスタ（昼寝）をする。かつて、１９３６～39年のスペイン内戦当時も、午後のシエスタの時間だけは戦闘が止まったという。

そして、食事とあれば昼食でも酒は欠かさない。スペインではアルコール度が１％程度のビールがよく飲まれる。みんな酒に弱いからではなく、昼間から本気で酔っては午後の仕事に差し支えるからだ。もちろん、夜はもっと本格的に飲む。

ほかの国からみると、昼間からたっぷり休んで酒も飲むスペイン人の仕事スタイルはあこがれだろう。ところが、こうしたシエスタありの過ごしかたはすたれつつある。理由は、まずEUの市場統合以来、ドイツやフランスなどからの企業進出が増えたので、ほかの国の生活リズムに合わせるようになったからだ。

また、昨今では女性の社会進出で共働き世帯が増えた結果、昼食は一度家に帰っ

て奥さんや母親の手料理を食べる、という習慣も成り立ちにくくなった。マドリードのような大都会では時代の流れでしかたないかもしれない。だが、南部のアンダルシアなどは、シエスタありの古いライフスタイルが根強いという。

◆即断即決でカラッとした性格

日本人は「たぶん～」とか「～と思われ」などの言い回しを好み、ハッキリ断言しない。だが、熱い国民性のスペイン人はあいまいなことを言わない。人に道を聞けば「こっちかもしれないけど……」などと自信なさげな言いかたはせず、間違った方角でも堂々と教える。別れ際には、再会の機会がなさそうでも「また会おう！」とか「今度ぜひうちに来てくれ！」と言う。べつに口から出まかせを言ってるのではない、いつも「その場では」本気なのだ。

これはスペインの気候や地形と関係するのかもしれない。マドリードなどの内陸部や、南部のアンダルシア地方などはカラッとした気候で、日本と違い湿気が少ないから、夏でも日陰は涼しい。陰影のハッキリした国という意味なのか「光と影の国」という言葉もある。

そんなスペインの政治には、極端なところがある。保守的な人はとことん保守的だが、逆に、権威に反抗する人はとことん反抗するのだ。２００３年のイラク戦争では、アメリカに協力して軍を派遣していたが、04年3月にマドリードでイスラム過激派の大規模なテロが起こった。世論はいっきに「イラクから撤退しろ！」と大合唱になり、早くも5月中にはイラクからの撤退を完了させている。

中途半端を嫌うスペイン人は、考えかたを切り替えるときは即断即決なのだ。

◆マッチョな男は健在だが女も強烈

日本ではおとなしい草食系男子が増えて久しいが、伝説のプレイボーイドン・ファンの故郷であるスペイン人のあいだでは、今でも「男は男らしく、力強く女をリードすべし」という価値観が根強い。

その反面、ＤＶや性犯罪も多い。06年には、配偶者や恋人からの暴力の告発件数が6万２０００件を超えた。人口がスペインの2倍以上の日本は、４万件程度というのにだ……。とはいえ、スペイン女性も黙ってばかりではない。

05年に、かつて13歳の娘をレイプされた母親が、仮出所した犯人から平然と「娘の調子はどうだ」と言われてブチ切れ、この男にガソリンをかけて焼き殺すという事件が起こった。後日、裁判所に出廷した母親に対して、多くの人から「ブラボー！」

●各国の労働人口と女性の割合

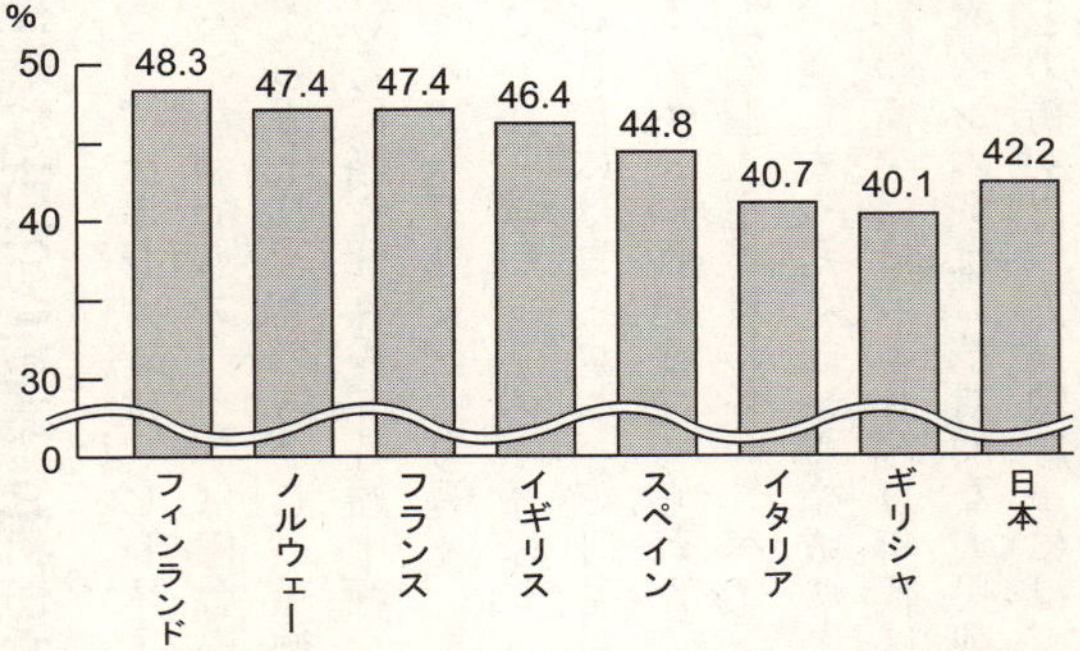

これまで専業主婦が多かったスペイン女性も、社会進出が進んでいる

「よくやった！」と歓声があがったという。

スペインでは１９７０年代まで保守的な独裁政権で「女性は家庭に尽くすべし」という良妻賢母教育が徹底されていた。

その反動かどうかはわからないが、現代のスペイン女性は、とにかく行動的である。男の花形職業だった闘牛士にも女性が登場したり、閣僚の半分が女性になったりしたこともあった。軍隊には、女性の戦闘機パイロットもいる。

このままかかあ天下の国になるのか、男たちがスペインの小説『ドン・キホーテ』の主人公のごとくバカにされても己の道を突き進むのか、興味深いところである。

◆極端な古さと極端な新しさが混在

かつて、ナポレオンは「ピレネーの南はアフリカだ」と言った。それぐらいヨーロッパのなかでもスペインは田舎あつかいされる土地だった。そんなスペインでは、古くからカトリックのきびしい道徳観が根強く、年配の人のあいだでは、教会が禁じている離婚や同性愛、妊娠中絶などには反対する人が多い。離婚法が成立したのはほかのカトリック国より遅く、やっと1981年になってからだ。

ところが、スペインのゲイやレズビアンは堂々と自分の性向をオープンにする。2005年にはヨーロッパで3番目に同性婚が認められている。自由な雰囲気のフランスでも、同性婚が認められたのは13年になってからだ。

強烈な個人主義者の多いスペイン人は、古い道徳観や伝統を大事にする保守的な人と、逆にまったく伝統や権威にとらわれない人が混在している。こうした新旧の価値観の衝突には、1930年代に起こった内戦の影響も大きいだろう。

スペイン内戦は、革新的な人民戦線軍と保守派のフランコ将軍が率いたファシスト軍との衝突だ。人民戦線軍には、外国から来た義勇兵の戦友が負傷すると、お見舞いに数少ない配給のタバコを全部あげてしまうような気前のいい人がよくいた。

しかし、伝統の象徴である教会を容赦なく焼き討ちする過激な人も多かった。

フランコ将軍が勝利すると、今度は極端にカトリック教会の保守的な価値観が徹底され、75年にフランコ将軍が死ぬまで、なかば鎖国のような状態で時代遅れのファシズム政権が続いた。

そんなわけで、現代のスペイン人のあいだでは、フランコ時代に教育を受けた60代以上と下の世代のギャップが大きい。おじいさんやおばあさんは信心深いが、若者は「神様? なにそれ」とばかりにドラッグや犯罪に走る人も多い。

逆にいえば、古い生活習慣にとらわれることなく、午後のシエスタもせずにまじめに働くスペイン人も増えている。もっとも、こうして昔ながらのスペインらしさが失われてしまうのも、ちょっとさびしいところではある。

スペインの代表的人物

フリオ・イグレシアス

(1943年～)

レコード売り上げ3億枚の世界記録をもつポップス歌手。ヒット曲に「黒い瞳のナタリー」「ビギン・ザ・ビギン」ほか。2010年には21歳下の元モデルと再婚。離婚した元妻のイサベル・プレイスレルは、スペインの元経済大臣など多くの男性セレブと浮き名を流したことで知られる。

ポルトガル

哀愁が漂う控え目なラテン系

DATA

- **首都**：リスボン
- **人口**：約1056万人
- **面積**：9万1985㎢（日本の約4分の1）
- **言語**：ポルトガル語
- **宗教**：カトリックが圧倒的多数

◆外国人にはわからない感覚「サウダーデ」

ポルトガル人を語るのに欠かせないのが「サウダーデ」という言葉だろう。

これは郷愁、懐旧、愛惜、といった意味がある。たとえば、遠い故郷や亡くなった恋人などを懐かしむ気持ち、失ったものを悲しむ切なさ、甘い楽しい思い出など、それらを全部ひっくるめた言葉だ。さらに、過去の追憶や形のあるものばかりではなく、未来や幻想、キリスト教の説く天国などもサウダーデの対象になる。

わかるようなわからないような感覚だが、ポルトガル人に言わせると、これはどの外国語にも訳せない、ポルトガル人のみに与えられた言葉なのだそうだ。

かつての日本人が愛した「わび」とか「さび」とか「もののあはれ」といった情感が、うまくほかの国の言葉に訳せないのと似たようなものだろう。

ポルトガル人のあいだにこうした感情が生まれたのは、中世までのイスラム教徒との戦争、その後の15～17世紀の大航海時代、南米やアジアへの移住などを通じて、愛する者と別れて過ごすことになった人々が多くいたからだという。ポルトガルはある意味でさびしい土地だ。気候は温暖で陽ざしは暖かいが、ヨーロッパの西の端にあり、広大な大西洋に面している。

とはいえ、ポルトガル人も年中サウダーデに浸っているわけでもない。サッカーの試合に熱狂したり、甘い焼き菓子を口にしてニコニコする人も多い。日本人全員が「わび」「さび」に通じていないのと同じである。

◆タラ料理だけで365種類!?

南ヨーロッパの人々はだいたいそうだが、ポルトガル人の時間感覚はゆるい。約束に1時間ぐらい遅れて、謝りの電話が入り、さらに1時間ぐらい遅れる人もいる。太陽が出ている時間が長いためか、南部の地方はより時間にルーズだという。

休むときはしっかり休むのが決まりで、「神が定めた休日には仕事をしない」というカトリックの習慣通り、お店の多くは日曜日が休みだ。

毎日のメインの食事はたいてい昼食だが、食後はしっかりシエスタ（昼寝）をするのが古くからの伝統だ。スペインと同じく、シエスタの結果、午後の仕事が夜にずれ込む人もよくいるようで、21～22時ごろに夕食をとる人も多い。

大西洋に面する地に住むポルトガル人は、肉やお菓子もよく食べるが、なにより海の幸を愛する。とくに好まれるのが魚のタラで、干しダラを使った料理レシピは、茹でたりオーブンで焼いたりと、それこそ365日違うレシピがあるという。穏やかでルーズといわれる反面、料理の工夫には余念がないのだ。

ひと昔前まで、ポルトガルの女性といえば、暖かな陽ざしの下で町の共同洗濯場に集まり、ダラダラとおしゃべりしながら、家族の衣服やシーツなどを洗うのがいつもの風景だった。もっとも、一部の村など以外は、家庭用の洗濯機が普及してしまったので、これもサウダーデのなかの風景になっている。

◆牛を殺さない闘牛スタイル

根は同じラテン系でも、情熱的なスペイン人にくらべるとポルトガル人は控え目な性格だ。それをよく示しているのが、闘牛と伝統音楽のスタイルだろう。

●ポルトガル伝統音楽「ファド」

ポルトガルの画家ジョゼ・マリョアの作品でもファドが描かれている

闘牛はポルトガルでも行なわれているが、スペインとは異なり、観客の前で牛は殺さない。牛の角には革製の軟らかいカバーがかけてある。そして、牛が弱ったところで「フォルカド」と呼ばれる一般人の参加者が闘技場に入り、数人がかりで牛を押さえ込み、牛が動かなくなったら競技終了。牛と人の一対一の決闘というより、牛とじゃれ合いながら力くらべをする感覚だ。

そしてスペインの伝統音楽といえば情熱的なフラメンコだが、ポルトガルは哀愁ただようサウダーデの世界を歌う「ファド」だ。フラメンコの歌手やダンサーは赤を基調とした華やかな衣装に身を包んでいることが多いが、ファドの歌手はといえば黒を基調とするシックな衣装が主流だ。聴く側も、演奏が終わったあとで歓声をあげるのはかまわないが、歌っているあいだは静かに聴くのがマナーとなっている。

もっとも、「スペイン人にくらべて」おとなしいポルトガル人も、どういうわけか車の運転だけは荒っぽく、やたらスピードを出す人が多い。駐車場にはどこかにぶつけたらしい車がよく停まっているという。酒が入ると性格が変わる人がたまにいるが、ポルトガル人の場合は、自動車がそのスイッチなのかもしれない。

◆日本語にもなったポルトガル語の数々

ポルトガル人は、戦国時代に日本人がはじめて接した西洋人だった。

1549年に来日した宣教師のフランシスコ・ザビエルは、日本の教科書では大きくあつかわれる。ところが、当のポルトガルではそれほど有名でもない。大航海時代、ポルトガル人はアジア、南米、アフリカなどに大量の宣教師を派遣し、次々と世界各地の情報が入ってきた。ザビエルもあくまでそのひとりだった。

日本には「カルタ」や「タバコ」など、ポルトガル語が由来の言葉がけっこうある。逆にポルトガル語になった日本語もある。たとえばポルトガル人も短刀を「カタナ」という。ちなみに、日本各地にあるコーヒーショップの「ドトール」は、ポルトガル語で医者や博士をさす。

ポルトガルでは、ドトールのサラザール博士が1932年～68年まで国を支配した。独裁者だったサラザール博士は、軍人やファシズム政党出身ではなく、めずらしく経済学の教授だ。

大航海時代のあと、近代までポルトガルの経済はずっと落ち目だったが、サラザールはすぐれた頭脳で財政赤字を解消する。しかし、第二次世界大戦後は、ほかのヨーロッパ諸国から孤立し、工業技術の発達は遅れた。

今もポルトガル人がのんびりしているのは、農業国だったサラザール時代の名残りのようだ。また、国内産業があまり発達していないので、優秀な若者は、外国に働きに出てしまうという。

ポルトガルの代表的人物

クリスティアーノ・ロナウド

（1985年～）

ポルトガルを代表するサッカー選手。生まれは北アフリカの沖合に浮かぶマデイラ島。イギリスのマンチェスター・ユナイテッド、スペインのレアル・マドリードで活躍。練習熱心で知られるが、サッカー界きってのモテ男で、モデルのパリス・ヒルトンらとも浮き名を流したこともある。

イタリア

陽気に生きる憎めない甘えん坊

頭の中はつねに、
愛するママのこと
でいっぱい
MAMMA
目元、口元は
ちょっとセク
シーな雰囲気
モデル体型
で、ド派手で
高そうなスー
ツを愛用

●甘い言葉とジェスチャーで女性を口説く。やたらカッコつけたがる

DATA

- **首都**：ローマ
- **人口**：6020万人
- **面積**：30万1000㎢（日本の約5分の4）
- **言語**：イタリア語（地域によりドイツ語、フランス語ほか）
- **宗教**：カトリックほか

◆いい歳した男が毎日ママに電話!?

ワルくてカッコいい男の名産地といえばイタリアだ。日本では「チョイ悪オヤジ」の代名詞のタレントとして人気のジローラモや、1970年代に世界的な人気を誇ったアル・パチーノをはじめ、中世の策謀家チェーザレ・ボルジアなど、映画や文学の主人公となったワルくて粋な男が多い。

しかし、イタリア男はたんなるナンパ好きではない。ドアがあればまず女性を通し、段差があればサッと女性の手を引く、気のきいたところがある。日本人なら「キザな野郎め」と言われそうだが、こういうことをイタリア人は恥ずかしがらない。

そんなカッコいいイタリア男も、今や希少になりつつある。昨今のイタリアでは独身男性の70%が親と同居している。いい歳になっても親元から離れず、職場や旅行先から一日に何十回もママに電話するマザコンがやたらと多い。

もともとイタリア人は、母親にかぎらず、大人はみんな子どもに甘い。街中では、他人の子どもでも「あら、いい男!」とか「よっ、いい女!」とほめちぎる。

そして母親は、パートに出たり外で働くよりも家事をする、という保守的な家族観が強く、結果的に子どもは母親といっしょにいる時間が長い。

そのせいか、イタリア人は困ったときにはなにかと「マンマ　ミーア！（お母ちゃん！）」と叫ぶ。イタリアではこうした母子癒着がマンミズモと呼ばれ、社会問題になって久しい。

謙虚を美徳と考える日本人にくらべ、イタリア人は男女間でも親子間でもストレートに愛情を表現するが、おかげで甘えん坊も多いのだ。

◆イタリアに「イタリア人」はいない

じつは、イタリアには自分をイタリア人と思っていない人が多い。では、どう思っているのかというと、ジェノヴァ人、ヴェネツィア人、フィレンツェ人、といった地域ごとの意識が強いのだ。日本も明治以前は「日本人」という意識は乏しく、みんな「尾張の人」とか「薩摩の人」という感覚だった。これと同じだ。

イタリアは、北のアルプス山脈によってヨーロッパの北部とへだてられ、長靴型の半島の大部分は地中海沿岸の国らしく温暖な気候だ。しかし、半島の真ん中にはアペニン山脈が走り、北部と南部、東部と西部に区切られている。

現在のまとまったイタリアという国ができたのは１８６１年のことで、１５０年ほどしかたっていない。それまでの数百年間は、ジェノヴァ共和国やヴェネツィア

●15世紀のイタリアの地図

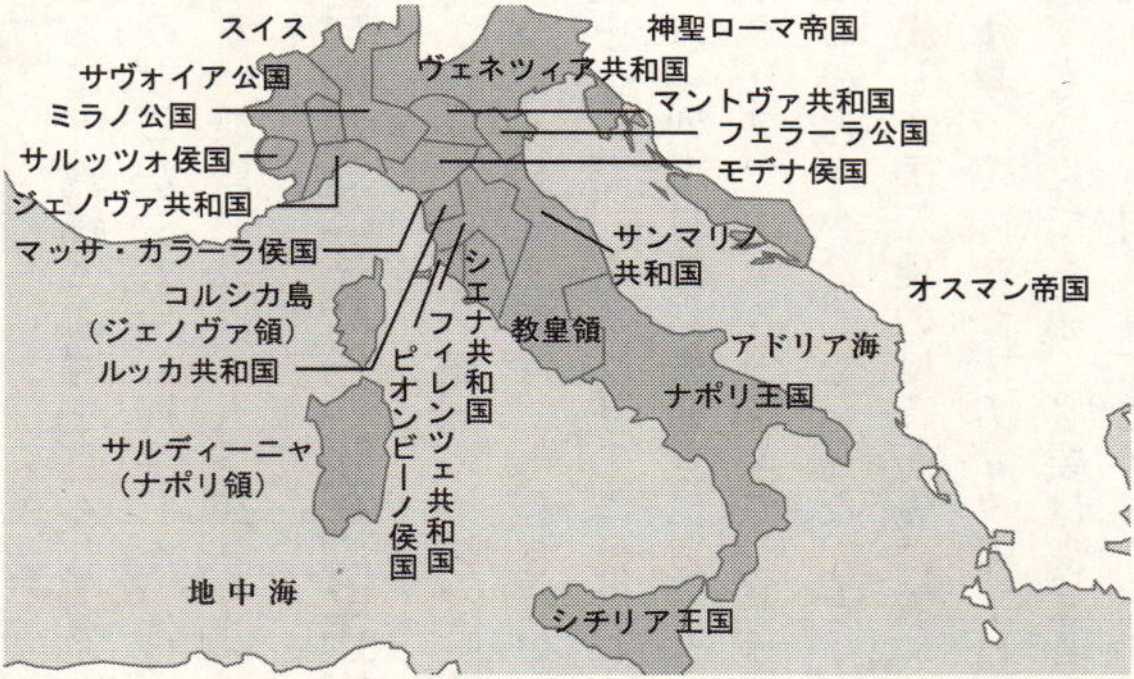

国がたくさんあり、それぞれの文化や言語で生活していた

共和国、ナポリ王国などと、小国の集合体だった。現在もイタリアの中部にサンマリノ共和国という「国の中の国」があるのも、その名残りだ。

そんなイタリア人、サッカーの試合でも、ミラノっ子ならACミラン、トリノっ子ならユヴェントスなど、みんな愛着のある地元のチームを熱狂的に応援する。

イタリアの裏の名物たるマフィアも、こうした強い地域主義の産物だ。古代ローマの時代から、イタリアでは各地で地元の貴族や地主などの親分的な人物が、地域の住民の生活を仕切りつつ、住民の頼みごとを聞くという習慣があった。

マフィアは、もとはこうした地域住民のあいだでの助け合いの延長から生まれたのだ。

さらに、地縁と血縁を重んじるイタリア人は、何事も他人より身内優先だ。たとえ一度どこかで会って握手しただけの相手でも、見ず知らずの他人よりは愛想よく接する。逆にいえば、人見知りなのだ。

◆首相がみずから「脱税は正当」と発言

ほかのヨーロッパ諸国にくらべ「イタリア人は時間を守らない」という話は多い。かつてイタリアでは、1920年代にファシスト党を率いたムッソリーニが独裁政権を築いた。ムッソリーニははじめ、海外でも高く評価されたが、その業績のひとつは「列車を時刻表通りに運行させたこと」だったという。

イタリアでは「5分待って」と言われたら、実際には「30分待って」という意味になることが少なくない。なんと、イタリア国内で隣の町に出した郵便物より、外国に出した国際便のほうが先に着いた、という話があるほどだ。

ヨーロッパのなかでもイタリアは温暖で、太陽が出ている時間が長く、昔から農作業でもなんでも急ぐ必要はあまりなかったのだろう。

こうした南国気質に加え、イタリア人が時間を気にしないのは、個々人が「自分の時間を生きている」ためのようだ。役所でも銀行でも郵便局でも、ダラダラ待たされるのは日常茶飯事だが、窓口の担当者は人をさんざん待たせても自分の休憩時間はしっかりとる。そして、みんながその行為を「おたがいさま」と思っている。

お金についても、イタリア人はけっこうアバウトなところがある。通貨がユーロではなくリラが使われていたとき、買い物の会計でも端数は切り捨て、日本円換算で10円にも満たない程度のおつりなら、お金の代わりに飴玉を渡す習慣があったという。

とはいえ、税金や公的な資金もこの調子では、国の経済がまともに回らない。

2004年、当時のベルルスコーニ首相は「稼ぎの33％を税金にとられるなら正当と思うが、50％を超えれば脱税も正当だ」と堂々と発言して物議を招いた。せっかく一生懸命に稼いだ金を国にとられてたまるか！ というわけだ。首相からしてこの調子だから、汚職や脱税が多いのも無理はない。

◆外国産のパスタは絶対に認めない

温暖な地中海地方のイタリアは、トマトやオリーブ、魚介類など食材は豊富だが、とくにパスタへのこだわりは強い。法律では、たんぱく質のグルテンが多くパスタに適したデュラム小麦が100%で、添加物ゼロの物しか正当なパスタと認めない。日本製などの輸入品に「こんなのはパスタじゃない!」と言うこともある。

イタリアといえば美食の国だが、地元びいきが強いイタリア人は、自分たちが食べる物を「イタリア料理」とは考えていない。「ジェノヴァ料理」や「トスカーナ料理」のように地元の料理と考えている。そしてみんな「うちの地元料理がいちばんウマい!」と主張する。もっと言ってしまえば、地域単位どころか家族単位で「うちのマンマのパスタがいちばん」という意識があるのだ。かつて、イタリア南部のカラブリア地方では、女性は同じ食材から最低でも15種類のパスタがつくれなければ嫁に行けなかったという。

イタリア人が愛する「マンマの味」とは、各家庭のマンマが家族を喜ばせるために、かぎられた食材から知恵をひねって工夫した料理法の産物だった——何とも泣かせる話ではないか。美食の国といっても、国民がみんな高価なものを食べられるわけではない。

1980年代後半、イタリアでは大量生産のファストフードではなく、地元の食材で手間暇をかけた手づくり料理を食べよう、というスローフード運動が起こった。スローフードというと、日本ではなにやらエコで健康志向といったイメージがあ

●各国のパスタの消費量

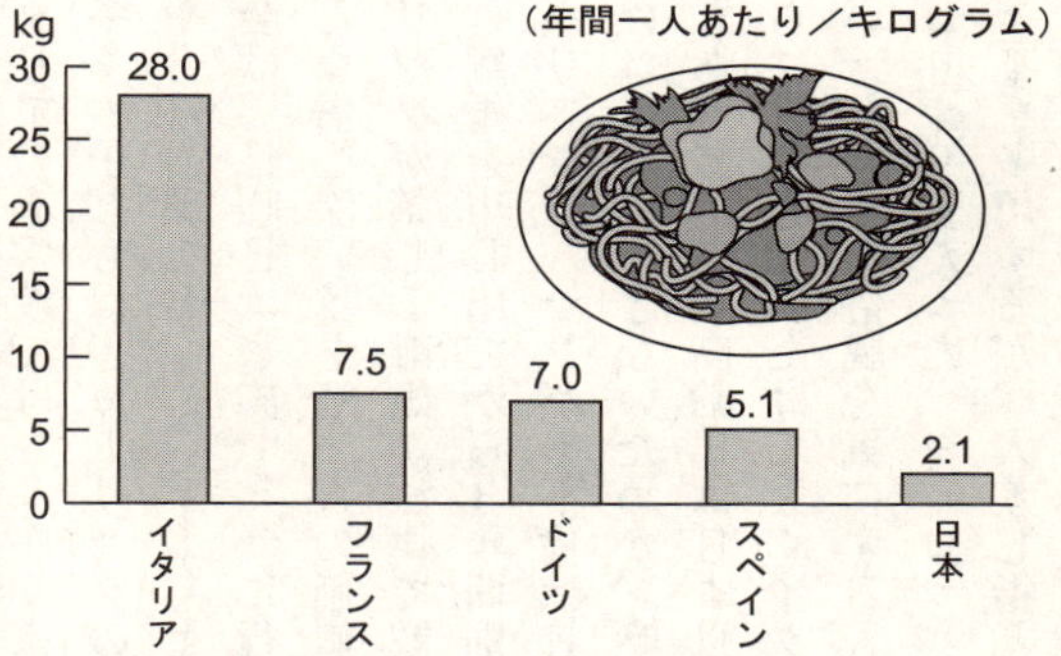

イタリア人がダントツ。日本人の14倍もパスタを食べている

るが、要は「料理はうちの地元産がいちばん！」「アメリカ製の大量生産のピザなんか本物のピザじゃねえよ！」という思考なのだ。

◆教皇様の言うことなら迷信でも信じる

イタリアの首都ローマには、ローマ教皇をトップとするバチカン市国がある。人口はたったの800人ほどで面積は皇居の半分以下だが、れっきとした独立国だ。

このバチカンをかかえるイタリア人の多くは「教皇のお膝元」という意識がある。2005年の調査では、「自分は信心深い」と考える人がイタリアでは85％

を占めた。この数字はじつにドイツの2倍、日本の4倍だ。

イタリアの小学校ではしっかり宗教の時間があり、イスラム教徒の移民などをのぞく多くの子どもは、カトリックの授業を受ける。日本人にとって寺や神社は、墓参りや合格祈願など、イベントのときにだけ行く場所だ。しかし、イタリア人にとって教会は、日曜日は家族でミサに行くなど、日常的で身近な場所だ。

そんな信心深いイタリア人の価値観には、カトリックの影響が強い。たとえば、カトリックが禁じる離婚が法律で認められたのは、やっと1970年のことだ。しかも、離婚を申し出てから3年間別居を続けないと認められない。

イタリアでは、ナンパや不倫は日常茶飯事でも、一度神の前で誓った結婚はそう簡単には無効にできないためか、晩婚化が進んでいる。先にも触れたマザコン男の増加もあって、少子高齢化は日本以上に深刻だ。

さらに、信心深いだけでなくイタリアでは迷信も根強い。たとえば「黒猫は悪魔の使い」といった俗説を気にする人が多い。これを言い出したのは、13世紀の教皇グレゴリオ9世だった。ヨーロッパ人のなかでもイタリア人は身振り手振りのジェスチャーを多用するが、人差し指と小指を立てるしぐさは魔よけによく使われる。

◆売り上げより店の飾りつけ優先

イタリア人のつくる物は、グッチやプラダのような服飾ブランドから、フェラーリのような高級車まで世界的に評価が高い。この背景には、良くも悪くも「実用より美しさ」「とにかく妥協しない」という性格がある。

町の商店ひとつとっても、美しさにこだわる。イタリアの店主は、売り上げや宣伝効果より美意識を優先するのだ。服飾店でショーウィンドウにある商品を買い求めたら、せっかくの飾りつけを壊したくないからと、「数日後にまた来てくれ」と言う店主もいるぐらいだ。

こうした妥協しない性格が個性的なブランドを生んでいるが、実用性や売り上げ優先の商売には向いていないのも事実だろう。

イタリアの代表的人物

シルヴィオ・ベルルスコーニ

（1936年〜）

1994年から3回、通算8年以上イタリア首相を務める。「選挙期間中だけはセックスを断ちます」など迷言多数。2009年には18歳の少女との不倫が発覚、妻との離婚に追い込まれたが、政治家としての国民の支持は変わらなかった。サッカークラブACミランのオーナーでもある。

クロアチア&スロベニア

愛国心は強いが、南国気質でわりとゆるい

DATA

クロアチア	
・**首都**	ザグレブ
・**人口**	428万5000人
・**面積**	5万6594㎢
スロベニア	
・**首都**	リュブリャナ
・**人口**	約200万人
・**面積**	2万273㎢

◆リゾート地はナンパ男がウジャウジャ!?

オタクの多い日本では「ギャルゲー」、つまり恋愛シミュレーションゲームというものがあるが、こういうものをつくるのは日本だけにかぎらない。

クロアチアでは2006年に、ナンパ男がリゾート地でさまざまな女性を引っかける『GALEBARI（ガレバリ）』というカードゲームが登場した。

このゲームの主人公は、観光地として名高いアドリア海沿岸で、多くの女性観光客に迫るナンパ男だ。ゲームに使われるカードには、水着やドレスなど多様なファッションに身を包んだ少女から熟女までと、華やかなビーチや港などの場所・シチュ

エーションが描かれている。

そう、クロアチアのとくにアドリア海沿岸部は、男女関係にオープンな人が多い。この地域はイタリアのすぐ対岸にあり、長らくヴェネツィア王国に支配されていたためか、気質もどこかチャラいのだ。

地図で見るとクロアチアは「く」の字のような形をしている。エメラルドグリーンの海に近い沿岸部は、地中海性気候で暖かく、氷が張るのは1年にわずか2日ほどしかない。ビーチには肌を露出した服装の男女が目立ち、いかにも開放的な性格の人が多くなりそうな風土だ。

しかし、ハンガリーと接する内陸部は寒暖差がはげしく、保守的で堅実な住民が多く、沿岸部の住民をあまり信用しないというから大違いだ。

◆手間暇かけて料理をつくる

旧ユーゴスラヴィアのなかで、西欧に近いクロアチアの住人は、かつて文化的に洗練されたオーストリア帝国に属していただけあって、その気質は全体的に社交的で上品だ。しかし、良い意味でも悪い意味でものんびりしたところが残っている。

毎日の食事は、大量生産の加工品より、手づくりを愛好する人が主流だ。各家庭では、郊外にちょっとした菜園をつくって果物などを育て、自家製の果物ジャムやワインをつくる人もいる。こうした手づくり食品は「ドマチ」と呼ばれる。

沿岸の市場では、漁師の奥さんが自分でイワシを塩漬けにした手づくりアンチョビをよく売っている。クロアチアの肉料理といえばハンバーグが人気だが、これも自分でひき肉を買ってきて手づくりするという人が多数派だ。

ちなみに、クロアチア人の食生活は、沿岸部と内陸部で対照的だ。沿岸部は魚やエビや貝などの海産物料理が目立ち、とくに生ガキが名物。一方、牧畜国のハンガリーと接する内陸部は牛肉や豚肉の肉料理が多い。

日本では外食したりコンビニ弁当などを買って食べたりする人が多いが、手間暇かけた手づくり料理を愛するクロアチア人は、それだけのんびりしている。とくに沿岸部のリゾート地では、1年のうち観光客の集まるシーズンだけガッツリ働いて、あとはブラブラと遊んで暮らすという人がわりと多い。

東欧の旧共産圏では、かつては賃金は安いが最低限の労働をしていれば国家が生活を保障してくれたので、仕事はそこそこで済ませる人が多いといわれる。加えてクロアチア人はのんびりした南国気質のため、あくせく働くのは好まないようだ。

◆宿敵セルビア人との兄弟ゲンカの裏事情

クロアチア人を語るうえで、隣国セルビア人への敵対心の話は避けて通れない。1990年代の旧ユーゴスラヴィア内戦で両者は血みどろの殺し合いを演じた。

とはいえ、いったいクロアチア人とセルビア人はどう違うのだろうか？　言語でみてみよう。じつはクロアチア語とセルビア語はほとんど変わらない。たとえば「はい（イエス）」はいずれも「ダ」、「こんばんは」はクロアチアなら「ドブラ　ヴェチェル」、セルビアなら「ドブロ　ヴェーチェ」と、ほとんど方言程度の違いしかない。

外部から見れば微妙な違いなのだが、当事者は「いっしょにするな！」と怒る。日本でも、島根県と鳥取県を混同すれば当事者が怒るのと似ている。

旧ユーゴスラヴィアのなかでも、クロアチア人はカトリック信徒が多く、自分たちはイタリアやオーストリアの仲間だと思っている。一方で、東方正教徒の多いセルビアは、ヨーロッパでは辺境とされるロシアの仲間とみなしている。

第一次世界大戦後、オーストリア帝国が解体されると、クロアチアはセルビア人が中心のユーゴスラヴィア王国に組み込まれた。これに不満を抱いたクロアチア人はウスタシ党というファシズム団体をつくり、ドイツ・イタリアと手を結ぶ。

1990年代の内戦では、セルビアのミロシェヴィッチ元大統領など、セルビア側で大量虐殺の罪に問われた人物は多い。だが、第二次世界大戦中のクロアチア人もけっこう残酷だったようで、まるでホラー映画のような話が伝わっている。

あるとき、ウスタシ党の首領パヴェリッチのもとを、同盟国であるイタリアの作家が訪れた。机の上に籠《かご》が置いてあり、作家が籠の蓋《ふた》を少し開けて「ダルマチア地方名産のカキですか?」と聞くと、パヴェリッチは「ウスタシ党員たちの贈り物ですよ。人間の目玉20キロ分です」と答えたという……。これは怖い。

ただし、ドイツ軍に抵抗したパルチザンの指導者チトーもクロアチア人だ。チトーは東欧で唯一、ソ連軍に頼らず自力でドイツ軍を撃退した。戦後にユーゴスラヴィア社会主義連邦共和国を築いたあとも、ソ連の独裁者スターリンの言いなりにならず、自立路線を貫いた英雄だ。

しかし、このチトーは自立路線のため内部の結束、つまりセルビア人らとの融和を進めたので、今では同じクロアチア人からは「あいつはセルビア人の味方だ」とみられて人気は低い。なんとも皮肉な話である。

ちなみにクロアチアは親日国としても知られる。第二次世界大戦ではドイツやイタリアとともに同盟国だったから、日本を「戦友」と考える人がいるのだ。

●クロアチアの過激なサッカーサポーター

普段はおとなしいクロアチア人も、サッカーのときはフーリガンと化す

◆スポーツの国際試合ではいつも大熱狂

セルビア人との戦争で強い民族主義が育まれたクロアチア人は、今でも愛国心が強い。とくにスポーツにはそれがよく表われている。

クロアチアはスポーツ大国で、サッカーやバスケットボール、ハンドボールなど幅広いジャンルで強豪選手を出している。日本でも人気の高い格闘家のミルコ・クロコップ（本名ミルコ・フィリポヴィッチ）、2001年のウィンブルドン選手権で優勝したテニス選手のゴラン・イワニセヴィッチなど、国を背負って戦うスポーツ選手の多くは、なにかと祖国について熱く語る愛国者が多い。

サッカーの国際試合ではどこの国のサポーターも熱狂的になるものだが、なかでもクロアチアのサッカーファンは、セルビアなど近隣のライバル国が相手の試合となると「ぶっ殺せ～‼」といった物騒なフレーズを使って声援を送る。

そんなクロアチアでは『私の祖国(Moja domovina)』という曲が、サッカーの応援でよく歌われる。これは1990年代の内戦当時にヒットした愛国ソングだ。とはいえ、軍歌のような歌詞ではなく、出だしは「毎日あなたのことを思っています……」といったフレーズで、メロディはなかなかに叙情的だ。

◆地味に器用でしたたかなスロベニア人

クロアチアのすぐ北にあるのが人口200万ほどのスロベニアだ。日本の四国ほどの国土には山が多く、あちこちに鍾乳洞がある。国名はスロバキアと間違えやすいが、実際、どちらの国名も「スラブ人の国」の意味で同じだ。

スロベニア人の気質は几帳面でドイツ人に近い。国境を接するイタリアやオーストリアは、よく買い物にも行く隣県のような感覚だ。なかには、隣国に買い出しに行って建材を買いそろえ、日曜大工で自分の家をつくってしまった、というマメで器用な人もいる。

スロベニアの農村では昔から蜜蜂の飼育が行なわれているが、物置ほどの大きな巣箱を色あざやかな壁画で飾るなど、アマチュア美術がさかんだった。今でも、建物の装飾に凝るしゃれた人が多い。

そんなスロベニア人は、長らくオーストリア帝国に従いつつも、自分たちの言語はしっかり守ってきた。旧ユーゴスラヴィアのなかでも、いちはやくドイツの支持をとりつけ、血みどろの内戦とはならずに独立をはたしている。器用でおとなしいが、案外したたかな国民性といえる。

南欧の大都市は人が多くてごちゃごちゃしていることが多いが、クロアチアとスロベニアは、街が非常に清潔だ。ゴミや、通行のじゃまになる路上駐車はめったにみかけない。両国ともきれい好きな人が多いのだろう。

クロアチアの代表的人物

ミルコ・クロコップ

（1974年～）

本名はミルコ・フィリポヴィッチ。1996年にキックボクサーとしてK-1デビュー。2006年にはPRIDEの無差別級で優勝をはたした。元警察官なのでリングネームは「クロアチアのコップ（警官）」ことクロコップを名乗っている。03～07年にはクロアチアの国会議員も務めた。

セルビア&モンテネグロ&マケドニア

肝の太さがとりえで、話を大きくする

DATA

セルビア
・首都：ベオグラード
・人口：726万人

モンテネグロ
・首都：ポドゴリツァ
・人口：62万人

マケドニア
・首都：スコピエ
・人口：206万人

◆セルビア人は日本にとっても好意的

セルビアを訪れる日本人は少ない。しかし、日本人が歩いていると、まず中国人と間違われてからかわれるという。

1990年代のボスニア内戦とコソボ紛争では、セルビア人がボスニア内のクロアチア人やコソボの独立派を大量に殺害したというので、アメリカと西欧の世論では、セルビア人はすっかり悪者あつかいされている。

そして、今も内戦の痛手が残るセルビアを訪れる外国人は少ない。しかし中国人の移民が増えて、日本にある100円ショップのような安い日用雑貨の店を開いて

いる。そんな新参者の中国人を煙たがるセルビア人は多い。

一方で、日本人はわりと好かれている。まず、日本が内戦後の復興支援に贈ったバス車両が重宝されているからだ。また、90年代のコソボ紛争のとき、セルビアはＮＡＴＯ（北大西洋条約機構）軍の空爆を受けたが、日本はこれに加わっていない。

第二次世界大戦で、日本はセルビアと同じく国際的に孤立しながらも、セルビア人にとってにっくきアメリカに勇敢に戦争を挑んだので「さすが日本人はサムライだよな！」と思われている。平和慣れした日本人としては、その評価は微妙かもしれないが……。

セルビア人は誇り高く、昔からオーストリア、トルコ、ロシアといった大国に囲まれながらも、強国に屈しないことをモットーとしてきた。

ボスニア内戦やコソボ紛争は、セルビアが悪者の形で終わってしまったが、セルビアの一般人も大量に拉致されたり殺されたりしている。セルビア人のハートには、かつての日本人と同じく、敗戦国なりの強いプライドがあるのだ。

◆悪気はないが、約束は平気ですっぽかす

セルビアは、多くの民族が衝突してきたバルカン半島のほぼ真ん中にあり、旧ユー

ゴスラヴィアが完全に解体した現在では、なんと8つの国と国境を接する。クロアチア、ハンガリーなどと接する北部は緑豊かな平野で、ブルガリア、マケドニア、アルバニアなどと接する南部はゴツゴツとした山地が多い。

セルビア人はなかなか剛胆だ。コソボ紛争中の99年、セルビアの首都ベオグラードはNATO軍の空爆を受けた。このとき、家族を失ったり悲惨な目にあった人も多いが、「どこに逃げても同じさ」と居直り、爆撃中も平然とパーティーやロックコンサートに興じていたと豪語する人も少なくない。

豪快な東欧気質と陽気な南欧気質をあわせもつセルビア人は愛想はいいが、計画性がないようだ。なにかを頼めば、軽いノリで「いいよ！」と引き受けてくれるが、あとでどうなったかを聞くと、悪気はないままけろりと忘れていることがよくあるという。明日のことはあまり考えず「なんとかなるさ」という性格なのだ。

そんなセルビア人は、まじめなお隣のクロアチア人から粗雑と思われてきた。だが、セルビア人にも世界的な天才がいる。19世紀末、アメリカに移住して交流発電機を発明したニコラ・テスラだ。彼は発明王エジソンの最大のライバルと呼ばれ、テスラの死後、その厖大《ぼうだい》な研究はFBIが秘密裏に押収したという。

セルビアの100ディナール札の肖像はテスラで、首都ベオグラードの国際空港

●エジソンのライバル・テスラの発明品

ふたつのコイルを使った二相誘導モーターなど、交流電流を発明した

はニコラ・テスラ空港という。ところが、テスラの生地は現在のクロアチア領にある。クロアチア人も「テスラはうちの偉人だ！」と思っていて、テスラの肖像画がラベルに使われたお酒も売っているとか……。ややこしい話である。

◆精力旺盛なセルビア男も今や家庭のお荷物

セルビア人の名前は、名古屋グランパスで活躍したサッカー選手ストイコビッチ、元大統領のミロシェビッチなど、「○○ビッチ」という名が多い。

これは「○○の息子」という意味で、父系の血統を重んじる古代の習慣の名残りだ。北大西洋のアイスランドでも、同じ意味で男児には「〇〇ソン」とつける。ヨーロッパの北のはずれと南のはずれで同じ習俗が残ったのは興味深い。

古くから父系を強く意識してきたセルビア人は、家では親父がエラく、妻は夫の両親や家族につくすべし、という保守的な家族観が根強い。草食系男子や男の単身者が増えている日本とは違い、セルビアの男は、妻に先立たれたり離婚すると、すぐ新しい若い女に手を出す精力旺盛な人が多い。平気で3回も4回も結婚したり、10歳も20歳も下の女性とくっつく。

ところが、90年代の戦争でたくさんの工場や企業が破壊され、仕事を失って家ではお荷物になっている男が増えてしまった。加えて、優秀な若者は次々と西欧やアメリカなど国外に出てしまっている。

首都ベオグラードを拠点に活躍してきたロックミュージシャンのランボー・アマデウスは、こうした内戦期以降のやけくそな気分を自虐まじりにぶちまけている。たとえば「バルカン・ボーイ」という曲では、「♪俺は腋《わき》の臭いバルカン・ボーイなのさ」とか「♪西側に行こうとしたけどムリだった」といった具合だ。

そんなセルビア人も、2009年にはEU加盟を申請。どうにか国際的な地位を回復すべく、悪戦苦闘を続けているところだ。

◆味方にすると心強い、モンテネグロ人

セルビアから2006年に独立したのがモンテネグロだ。日本人にはなじみの薄い国だが、モンテネグロ人が日本人相手に言うお約束のジョークがある。「日本とは戦争が終わってないから、まずきみと平和条約を結ぼう」というものだ。

1904年に日露戦争が起こったとき、ロシアと同盟関係のモンテネグロ人も参戦したが、戦後も日本とモンテネグロの一対一の平和条約は結ばれていないからだ。もっとも、実際にはモンテネグロ政府が正式に日本に宣戦したのではない。ロシア皇帝と仲が良かった当時のモンテネグロ王ニコラ1世が、ロシア軍で名誉指揮官を務め、モンテネグロ人の義勇兵を送ったという。

アドリア海に面するモンテネグロは日本の福島県ほどの広さに62万人が住み、岩山ばかりの地形だ。国名は「黒い山」を意味し、「モンテネグロ」はアドリア海の対岸にあるイタリアでの呼び名で、現地では「ツルナゴーラ」という。

そんなけわしい国土のなかでセルビア人やトルコ人などと衝突してきたモンテネグロ人は、豪放な性格でデカいことを言うのが好きだ。社会主義時代にモンテネグロの人口を聞くと「ソ連と合わせて2億6050万」と笑って答えたという。いっ

しょくたにされたロシア人が聞けばなんと言うやら……。モンテネグロ人と、個人的に「平和条約」を結べばどうなるか？　相手の機嫌が良ければ、首都ポドゴリッァ名物のワインや、アルコール度40％にもなる果実酒のラキアを振る舞われることになるだろう。

◆真冬に「お盆」と「盆踊り」があるマケドニア

セルビアの南にあるマケドニアは、ややこしいが、国連では「マケドニア旧ユーゴスラビア共和国」と呼ばれる。お隣のギリシャ人が「お前らがマケドニアを名乗るな！」とゴネているからだ。アレクサンダー大王を生んだ古代のマケドニアは言葉も文化もギリシャに近いが、現代のマケドニアはこれとは別物で、言葉や文化はセルビアやブルガリアに近い。ギリシャ人は「スコピエ共和国」と呼んでいる。ヨーロッパでは最貧国のひとつで、社会主義の時代から手入れのされていないボロボロの建物も多い。数年前までは、自動車用の高速道路の端で、おじいさんが平然とランニングしたり子どもがおしっこしている、という状態だった。

そんなマケドニアは、キリスト教徒のマケドニア人とイスラム教徒のアルバニア人が混在し、山ひとつ越えれば言葉もまるで違う。

まるで秘境のような土地だが、住民は親切だ。世界経済フォーラムの「外国人旅行者に対する国民の態度」のランキングでは、140カ国中4位、ヨーロッパでは2位に輝いた(1位はいずれもアイスランド)。観光収入が大事ということもあるが、素朴な人が多いのだろう。

日本には縁遠い国と思われるマケドニアだが、日本の神社に置かれている狛犬は、もともと古代のギリシャでつくられた獅子像が、アレクサンダー大王の時代にペルシャ経由で東洋に伝わったものだ。

ちなみに、マケドニア人の習俗では、クリスマスから1月7日の主顕祭《しゅけんさい》(キリストの顕現を祝う祭り)まで、死者の魂がこの世に帰ってくるという。そして、この期間は悪霊を祓《はら》うダンスを踊る——日本のお盆と盆踊りのようではないか! そう思うと、赤の他人に思えないからふしぎだ。

セルビアの代表的人物

ドラガン・ストイコビッチ

(1965年〜)

セルビアを代表するサッカー選手。旧ユーゴスラヴィアのレッドスター・ベオグラードで頭角を現わす。1994年に日本の名古屋グランパスに入団、2008年には監督となった。アメリカのアニメ「ピクシー&ディクシー」の大ファンで、愛称もピクシー。大の日本びいきで知られる。

ボスニア・ヘルツェゴビナ

異文化共存で鍛えられたユーモア好き

DATA

・首都：サラエボ
・人口：389万人
・面積：5万1000㎢（日本の7分の1）
・言語：ボスニア語、セルビア語ほか
・宗教：イスラム教、セルビア正教ほか

◆戦時下でも美人コンテストを開いた市民

ボスニア・ヘルツェゴビナと聞いてピンとこない人でも、サッカー日本代表監督を務めたイビチャ・オシムの故郷と言えば「ああ！」と思うだろう。

ボスニアにかぎらず、セルビア、クロアチアなど旧ユーゴスラヴィア諸国の人たちは、熱狂的なサッカーファンが多く、それぞれにスタジアムでは大声を張り上げて地元チームを応援する。だが、これは良いことばかりでもない。

ボスニアは、セルビア人、クロアチア人、イスラム教徒のボスニア人の居住地が混在する国で、地域ごとにひいきのチームは違う。

かつて1990年代にボスニアが内戦に陥ったときは、それぞれ地元のサッカーチームを応援していた過激なフーリガンたちが、そのまま民兵組織となって、血みどろの殺し合いをはじめてしまった……。想像できるだろうか？　巨人ファンと阪神ファンが本気で殺し合うような風景が。

しかし、オシム元監督がよい例だが、本来のボスニア人はタフで皮肉屋だ。内戦中、首都サラエボはセルビア軍に包囲されたが、市民同士は争わず、なんと街中の美女を集めて「ミス包囲都市コンテスト」を開いた。

爆撃で中庭に爆弾が落ちても、平然と「花の種をまくのに穴を掘る手間が省けた」と言った人もいる。どんな逆境にあっても、開き直って淡々としているのがボスニア人なのだ。

◆1年間に3回も正月が来る国

ボスニアの地形は山が多く森林が広がり、住民は気質もおだやかで話しかたものんびりした人が多い。一方、ヘルツェゴビナはむきだしの岩場が多いカルスト地形で、太陽が強く照りつけ、住民はちょっと気性が荒いといわれる。

この国ではボスニア語、セルビア語、クロアチア語の3つの言語が使われるが、ほとんど方言程度の違いしかない。では、なにが違うのかというと、人口の半数近くをしめるボスニア人はイスラム教徒、人口の30～40％のセルビア人は東方正教徒、約15％のクロアチア人はカトリック信徒という点。

ボスニア人は、かつてトルコ支配の時代にイスラム教に改宗した住民の子孫で、外見はセルビア人やクロアチア人と変わりない。女性はイスラム教の戒律にそって頭にベールをかぶっているが、男性はたいてい普通の服装だ。

そんなボスニア人は、客人が来ると大歓迎してトルコ風コーヒー（現地ではボスニア風コーヒーと呼ぶ）を飲みながら、ダラダラおしゃべりをするのが大好きだ。せっかくコーヒーを出されたのにさっさと席を立つのは、なにより失礼に当たる。

旧ユーゴスラヴィアが平和だった80年代は、異なる民族同士の結婚もめずらしくなかったし、おたがいの生活習慣も尊重されていた。３つの宗教は暦も違うので、外国人に「この国には正月が３回ある」と楽しげに語る人もいたという。

◆3人の国家元首が8カ月交代でおさめる

ボスニア内では異なる民族・宗教がどうにか共存を続けてきたが、冷戦時代が終わると、旧ユーゴスラヴィアでは各地の経済格差が浮上してきた。

●ボスニア・ヘルツェゴビナのおもな祝祭日（2013年）

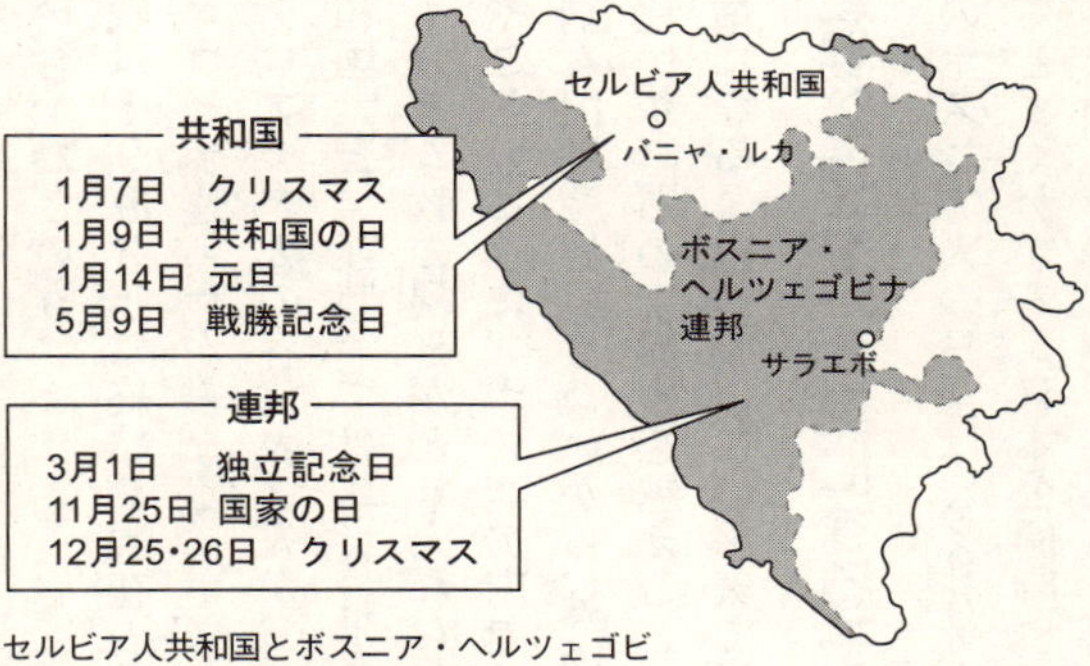

セルビア人共和国とボスニア・ヘルツェゴビナ連邦、イスラム教の休みがある

いわば、旧ユーゴ全体の首都があったセルビアは稼ぎの少ない亭主、工業地帯のクロアチアは夫より稼ぐ妻だった。妻が家を飛び出したあと、ボスニアという子どもも自立をはかったら、それにセルビアが反発して話がこじれたような形だ。

内戦中、首都サラエボの市民は、意地で生活を楽しもうとしていた。大胆にも、狙撃兵が出没する場所でわざわざ「TARGET」と書いたTシャツを来て建物から建物のあいだを駆け抜けるのを競走した人もいる。

食料品などが不足すると、薬用アルコールと米とイースト菌から白ワインのような酒をつくったり、脱脂粉乳と小麦粉とレモンジュースから代用マヨネーズをつくる「サバイバル・ガイド」が書かれ、主婦同士はおたがいに工夫したレシピを競い合ったという。

内戦は1995年に終結。現在の政府は「セルビア人共和国」と「ボスニア・ヘルツェゴビナ連邦」からなる。ボスニア全体の国家元首は、ボスニア人、セルビア人、クロアチア人の各代表3人が、平等に8カ月交代で務める。

「共和国」と「連邦」では、祝祭日も違う。共和国では東方正教、連邦ではカトリックとイスラム教の祝日がとり入れられているのだ。

ややこしいことに、ボスニア内での「共和国」と「連邦」の国境はあいまいだ。鉄条網も国境警備員もないから、外国人にはどこが境界線かわからない。ところが、現地住民が暗黙の境界線を越えると「ここから先はよそ者の土地」と、ギスギスした表情になる。内戦の前には平気で通行していたというのにだ。

◆戦場跡地も遊び場にする子どもたち

今のボスニア人の日常は、2007年に日本でも公開された映画『サラエボの花』を観るとよくわかる（日本公開時にはオシム元監督が推薦文を書いた）。

映画では、子どもたちは普通に学校に通っているが、街のはずれには戦闘で破壊された立入禁止の廃墟があり、そこを秘密基地のような隠れ家にしているようすが描かれている。

街の商店で働く30代以上の男性には、元兵士が少なくない。女性相手に内戦中のつらい思い出話をジョークまじりに語ってナンパのネタにする場面もある。かと思えば、内戦中の軍隊における元上官がヤクザ者になっていて、昔の付き合いから犯罪の片棒担ぎを迫られることも……。

日本も敗戦から10年くらいたったころには、こんな風景があったのではないだろうか。

本来のボスニア人は、子どもも大人も人なつっこい性格だ。内戦後の復興が遅れているためか、ボスニアを訪れる日本人はまだ少ない。セルビア同様に日本人はめずらしいので、まず中国人に間違われるが、日本人だとわかると好意的な反応を示したという話もよくある。

ボスニア・ヘルツェゴビナの代表的人物

エミール・クストリッツァ

（1954年〜）

サラエボ生まれの映画監督。父親はセルビア人で、母親はボスニア人。カンヌ映画祭の最高賞パルム・ドールを二度受賞している。第二次世界大戦からボスニア内戦までの旧ユーゴスラヴィアを、コメディタッチで描いた大作『アンダーグラウンド』（1995年）は世界的に大ヒットした。

アルバニア＆コソボ

戒律にあまりとらわれず、誤解されがち

DATA

アルバニア
・**首都**：ティラナ
・**人口**：約316万人
・**面積**：約2万8700㎢

コソボ
・**首都**：プリシュティナ
・**人口**：179万4000人
・**面積**：1万908㎢

◆「はい」で首を振り「いいえ」でうなずく

身振り手振りのジェスチャーは、万国共通とはかぎらない。バルカン半島にあるアルバニアとその近隣の国々では、ほかのヨーロッパ諸国とは逆に、首を左右に動かしたら「はい」、首を前後に動かしてうなずくと「いいえ」を意味する。これは、かつてバルカン半島南部を支配したトルコ人の習慣の名残りだ。

アルバニアはとくにトルコ文化の影響が強い国で、外見はほかのヨーロッパ諸国の白人とあまり変わらないが、イスラム教徒が7割を占める。毎日の食事はケバブやヨーグルトなどトルコ由来の料理が主流だ。ただし、イスラム教の戒律にとらわ

れず、地元名物の果実酒やビールを飲む人もいる。

1991年まで続いたアルバニアの社会主義政権は、イスラム教、キリスト教を問わず、宗教をいっさい廃止する政策をとった。今は信教の自由が認められており、アルバニア人の信仰そのものはじつにおおらかというか、アバウトだ。

中部のベラトという町では、毎年1月6日にキリスト教のお祭りで川底の十字架を拾ってくる競技をやっているが、イスラム教徒の人たちもそれに楽しんで参加している。

◆ドロドロの昼ドラ系、ラテンドラマに熱中

アドリア海に面するアルバニアは、国土の三分の二が山地で寒暖の差がはげしいが、沿岸部は温暖だ。16世紀にオスマン・トルコ帝国の支配を受けるようになってから、イスラム教に改宗する人が増えた。ただ、本来はコテコテのラテン気質だ。

ここ数年のアルバニアの主婦のあいだでは、スペインや南米のテレビドラマが大人気だという。三角関係や不倫の恋といった男女のドロドロの愛憎や暴力、犯罪などを大げさに描いた話が多く、役者の演技や台詞もオーバーだ。日本で韓流ドラマがブームになったのとなんだかよく似ている。

地図で見るとわかるが、アルバニアは、ロングブーツの形をしたイタリア半島の「かかと」の部分と目と鼻の先。第二次世界大戦中はイタリアに占領されたこともあり、アルバニアでは英語よりもイタリア語を話す人が多い。

イタリアにもアルバニアからの移民は多いが、大阪弁や広島弁を関東で話すと「ちょっと怖そうな人」と思われるように、イタリアでは「アルバニア人といえばマフィア」という偏見丸出しに思っている人も少なくない。

国境がころころ変わったバルカン半島では、アルバニア人も近隣諸国に散らばっている。アルバニアの人口は300万ほどだが、イタリア南部やコソボ、マケドニア、ギリシャ、トルコなど外国に移住したアルバニア系住民は、500万人近い。

日本では知名度の低いアルバニア人だが、心の底には「アルバニアのあるバルカン半島の南部一帯は、もともとはわれらアルバニア人の土地！」という意識がある。だが、じつはセルビア人やブルガリア人なども同じように思っている。

◆ねずみ講で政権が崩壊するほど世間知らず

ひところ、アルバニアは「ヨーロッパの北朝鮮」と呼ばれていた。

冷戦時代、アルバニアは共産圏にありながらソ連と対立し、一度は中国に接近し

●街じゅうにある避難用「トーチカ」

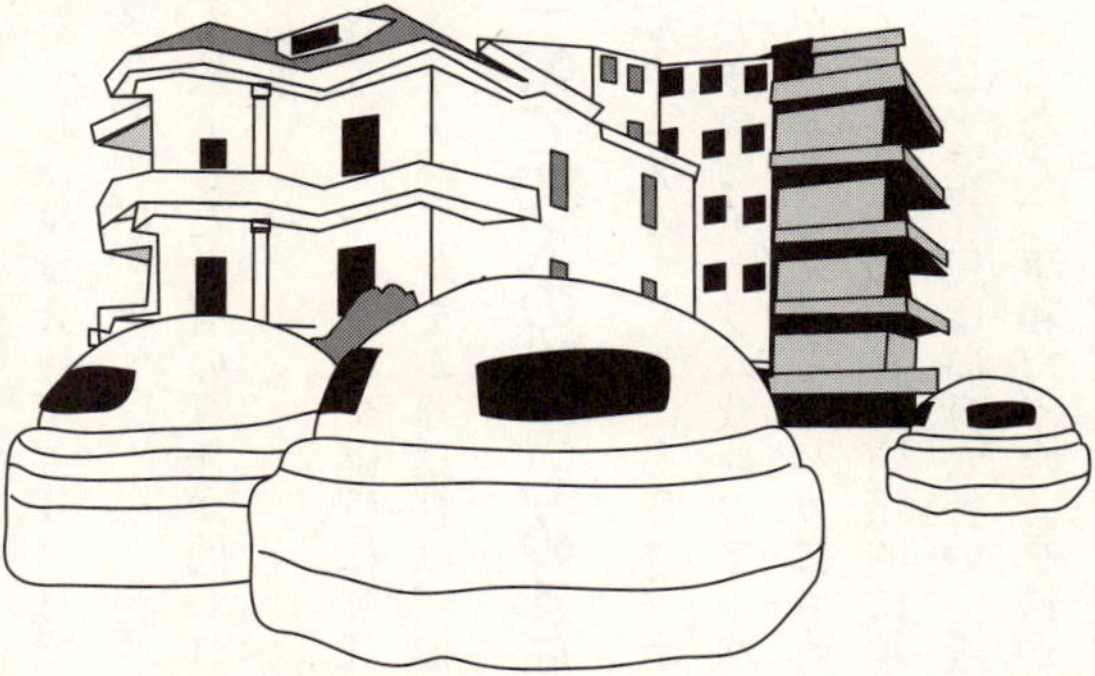

アルバニアの国内全土に、70万もあるといわれている

たものの、やがて中国とも仲たがいして、ほとんど鎖国状態だったからだ。

このような経緯もあって、アルバニアでは、あっちこっちにコンクリート製の「かまくら」のような建物が存在している。これは1960～70年代に核戦争を想定してつくった避難用トーチカで、全土になんと70万個以上もある。

こんなものがつくられたのは、アメリカ、ソ連、中国……、と核保有国をことごとく敵に回していたからだ。今となっては無用の長物だが、解体する費用もなく、多くは放置されたままになっている。

そんなアルバニアも91年に社会主義をやめて以降はオープンな国になった。しかし、世間知らずが多かったのか、なんと一度ねずみ講で政権が崩壊している。市場経済を導入した直後、ドサクサにまぎれてあやしい投資会社が「3カ月で金利100%」といったムチャな話で投資を集め、多くの国民が飛びついた。当然のことながら、やがて配当が支払われなくなり、事態を放置した政府の責任が問われ、97年には大暴動が起こって一時的な無政府状態におちいった。

社会主義をやめたら金儲けに熱狂とは極端な方向転換だが、日本もバブル時代や一時のITバブルをふり返れば、他国のことを笑えない。

◆一家で30人の世帯もめずらしくないコソボ人

アルバニアのすぐ北にあるコソボは、岐阜県ほどの国土に約180万人が住み、その大多数はイスラム教徒のアルバニア系住民だ。西欧から田舎者あつかいされるセルビア人から、さらにバカにされる立場が長らく続いた。

セルビアからの独立が国際的に承認されたのは、2008年のこと。今やコソボのセルビア系住民は肩身が狭い立場だが、けっしてアルバニア系住民を憎んでいるわけでもなく、平和だった昔を懐かしむ人も少なくない。

これはアルバニアにもいえるが、コソボは大家族の国だ。地方の村ではおじいさん、おばあさんから孫までの3世代同居は当たり前で、一家総勢で30人ぐらいの世帯もめずらしくない。まさに、ひと昔前の日本や中国の農村のようだ。

こう聞くと、コソボ人は素朴な人々と思い込みそうだが、若者文化は西欧とそう変わりない。コソボ出身のヒップホップ・グループ「エトノ・エンジュイト」は、ナンパな色恋沙汰からアルバニアの民族意識までをノリノリで歌う。コソボ内だけでなく、各地のアルバニア系住民に人気だ。

エトノ・エンジュイトのPV（プロモーションビデオ）には、美女をはべらせたり、農村で派手にパーティーを開く映像もある。とくに05年に発表した「Albanian（アルバニア）」のPVは独特だ。中世のアルバニア騎士、コソボ内戦時の兵士、アルバニアの生んだ偉人マザー・テレサまで登場し、アルバニア民族の誇りを派手にアピールしている。

アルバニアの代表的人物

マザー・テレサ

（1910〜1997年）

本名アグネス・ゴンジャ・ボヤジュ。アルバニア出身のカトリック修道尼。1931年に教会の指示によってインドを訪れ、幅広い救貧活動で79年にノーベル平和賞を受賞した。アルバニアが社会主義の時代には宗教が禁止されていたので、祖国ではまったく評価されていなかった。

ギリシャ&キプロス

欲望のままに生き、熱くなりやすい

Σας ευχαριστώ
NO PLAY, NO LIFE.

彫りの深い顔に、ひげを蓄えている

ＥＵ各国に助けられ「サウ　エフハリスト」（ああ、ありがとう）

遊ばなきゃ、生きてる意味がないと思っている

●失業中でも明るさを失わず、だいたいトマトをかじっている

DATA

ギリシャ

- **首都**：アテネ
- **人口**：約1132万人
- **面積**：13万㎢

キプロス

- **首都**：ニコシア
- **人口**：約86万2000人
- **面積**：9251㎢

◆身内に甘いコネ文化で金融破綻

サラリーマンの生活がきびしくなって久しい日本では、公務員といえば、倒産の心配もなく給料は安泰、仕事ものんびりとしていいご身分と思われている。ギリシャでは、その公務員がそこいらにあふれている。

じつは、2009年に起こったギリシャの金融破綻も公務員が大きな原因のひとつだ。ギリシャではなんと、当時の労働人口全体の21%、自営業などをのぞいた雇用者の三分の一が公務員で、政府が出資する公社や法人が約5000もあった。ギリシャの人口は日本の十分の一ほどだから、日本なら5万社もあることになる。

このような状態になってしまったのは、とにかくコネ重視の国民性だからだ。ギリシャの二大政党である新民主主義党と全ギリシャ社会主義運動党は、政権が変わるたび、おたがいに身内の支持者に大量の公職ポストを与えてきた。地縁、血縁の結びつきがものをいうお国柄だから、政治家の世襲もやたらと多い。日本と同じく政界には2代目、3代目の政治家がごろごろいる。

逆にいえばコネ重視のギリシャ人は、一族郎党や身内を大事にする意識がとても強く、親兄弟や友人の頼みなら簡単には断わらない。年長者を敬う意識も強く、この点はむしろ儒教文化圏の東アジアに似ている。

また、金融危機以降、EU内では「なんで俺らがギリシャを助けるためにお金を出さなきゃいけないんだ」という声が高まっているが、ギリシャ人はけっして食べたり休んだりばかりの生活を送っている怠け者ではない。

じつはギリシャ人はヨーロッパでもとりわけ労働時間が長い、11年には年間平均労働時間が2032時間だった。日本が1728時間、イギリスが1625時間、ドイツが1413時間、というから意外な話だ。もしかしたら、ダラダラ職場で過ごす人が多く、働きかたの効率がよくないのかもしれない。

◆欲望にストレートな精力絶倫ぶり

古代ギリシャ神話の神々は欲望にストレートだったが、現代のギリシャ人も同様だ。避妊器具メーカーのデュレックスによる調査では、ギリシャは年間セックス回数でつねに上位。07年の調査では、約3日に1回以上、なんと日本の3倍以上の絶倫ぶりだ。

東ローマ帝国（ビザンツ帝国）の文化を継いできたギリシャでは、よく食べてよく寝て男女関係も積極的、というラテン気質が強い。温暖な地中海気候の南欧ではよくある習慣だが、ギリシャ人も昼食後はたっぷりシエスタ（昼寝）をする。

首都アテネは人が過密で、ごみごみとした都会になってしまっているが、のんびりとしたスローライフを望み、週末は自然の豊かな郊外で過ごす人も多い。都市近郊の農村部では勤め人が週末を過ごすためのセカンドハウスがよくみられる。たいていは質素なつくりで、花や野菜を育てる家庭菜園がある。

実際、ギリシャ人は野菜好きで、新鮮なトマトやきゅうりなどのサラダをよく食べる。また、海産物の料理も多い。とくにイカやタコをよく食べるのはヨーロッパではめずらしく、この点に関しても日本人と似た感覚といえる。

休日は農村で過ごす自然志向だが、タバコも大好きだ。世界の「先進国クラブ」ともいうべきOECD（経済協力開発機構）の調査では、09年のアメリカ人の喫煙率は約16%、日本が約25%なのに対し、ギリシャは39%以上とダントツに高い。日本や西欧ではすっかり嫌煙権が広まっているが、ギリシャ人は健康を犠牲にしてでも、好きなものを追求するようだ。

◆流血デモは日常茶飯事

経済の混乱が続くギリシャでは、政治も混乱状態。学生や労働者がデモや暴動を起こして警官隊と流血のどつき合いとなるのは日常茶飯事だ。

なかにはけろりと「まあ、デモはギリシャの文化ですから」と言う人もいる。まるで、学生運動がさかんだった1960年代の日本のようだ。近年では「黄金の夜明け党」という、何やら秘密結社のような名前の団体が排外主義を唱えて勢力を広げ、トルコ系などの移民をはげしく敵視している。

ソクラテスやプラトンのような哲学者が生きていた紀元前の古代ギリシャは、民主政治の発祥の地となっているが、それはあくまで遠い昔の話だ。4世紀以降、ギリシャは東ローマ帝国の中心地だったが、15世紀から19世紀まで400年近くもオスマン・トルコ帝国の支配を受けている。

西欧では近代以降、決まった時間に学校や工場に通う都会的な生活スタイルと個人主義が進んだ。だが、長らくトルコの支配下で西欧から取り残されていたギリシャは、ルーズで、地縁や血縁を大事にするアジア的な気質もある。

現代では、EUのお荷物になってしまったギリシャ人だが、なかには、あえて「自分たちはヨーロッパ人じゃない」と開き直った自嘲を口にする人もいる。

トルコからの独立後もバルカン半島は戦乱が絶えず、ギリシャも長く軍人が主導権を握る独裁体制が続いた。現在の共和制が成立したのは1974年のことだ。

●各国の喫煙率（「OECD Health Date 2011」）

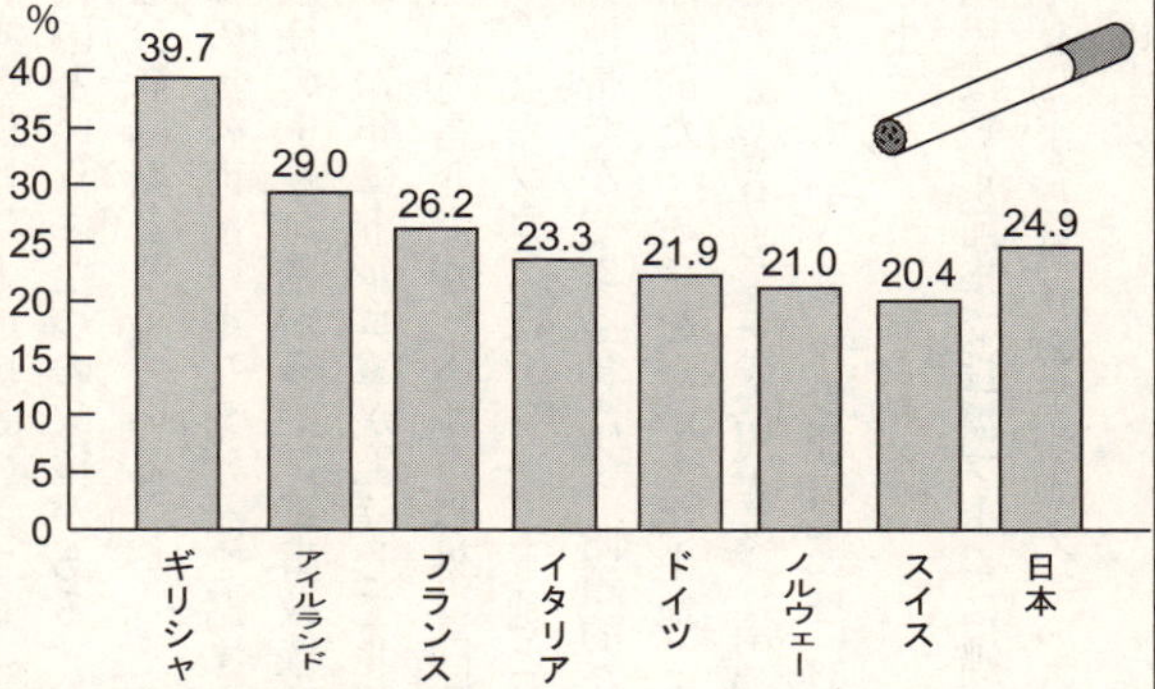

嫌煙家が増えるヨーロッパだが、ギリシャ人には関係ないようだ

いつもデモや暴動ばかりしている現代のギリシャ人も、けっして暴力が好きなわけではない。第二次世界大戦当時のドイツ軍への抵抗や戦後の軍事政権への抵抗は、民衆の誇りとなっているので、今でも「政治は直接行動あるのみ！」という意識が強いのだ。ラテン系で男女関係に熱い現代ギリシャ人は、政治にも熱いのである。

◆ギリシャの金融破綻に引きずられたキプロス

ギリシャ人とトルコ人とのあいだには、今もちょっと険悪なムードがある。その象徴となっているのが、トルコの南の海に浮かぶキプロスをめぐる問題だ。

日本の四国ほどの広さのキプロス島には、キプロス共和国と北キプロス・トルコ共和国というふたつの政権がある。もとは同じ国だが、仲たがいして朝鮮半島のような分断国家となっている。

この島の南部はギリシャ系が多い。ギリシャ語を話すキリスト教徒が多数を占めるが、北部はイスラム教徒のトルコ系が多い。軍事政権時代のギリシャはキプロス島を併合しようとしたが、74年にトルコ軍が上陸して北部を占領してしまった。その後、北部は83年に独立を宣言したが、トルコ以外は国際的に承認していない。

そんなキプロスは、リゾート地としての人気が高い。島の内陸は古い建物が多い農村地帯だが、よそ者を嫌う閉鎖的な田舎でもなく、観光客に対してはフレンドリーで開放的だ。紛争をかかえた土地でも、明朗な地中海気質があるのだろう。

しかし、ギリシャ系住民が多い南のキプロス共和国は、ギリシャの国債を多く買っていたので、ギリシャの経済破綻に引きずられる形で、2013年に金融危機に陥ってしまった。

国民は数年前まで投機ブームに沸いていたのに、今や預金が封鎖されて引き出せなくなり、すっかり頭をかかえている。ギリシャ人と運命をともにさせられてしまったわけだ。

◆トルコ人から学んだギリシャ料理

キプロス問題などでトルコと対立しているギリシャだが、文化はそのトルコの影響を受けている。

現代のギリシャ料理は、オリーブオイルや香辛料、ヨーグルトやチーズといった乳製品の使いかたなど、トルコ料理をアレンジした要素が強い。

また、ギリシャ人のあいだではトルコ風コーヒーがよく飲まれている。コーヒーを水から煮立てて、上澄みの部分のみを飲むものだ。ただしギリシャ人にもプライドがあるので、ギリシャ国内では「ギリシャ風コーヒー」と呼んでいる。

アメリカのニューヨークにあるアストリア地区は、もともとギリシャ人移民の町だったが、今ではトルコ系移民が増え、仲良くしている。隣国の出身者同士で集まるのは親近感があるからなのだろう。

ギリシャの代表的人物

メリナ・メルクーリ

（1920〜1994年）

戦後ギリシャを代表する女優。1960年の世界的ヒット映画『日曜はダメよ』では、あばずれの娼婦役で人気を得た。だが、じつは意外に硬派で、ギリシャが軍事政権の時代には反政府運動に身を投じている。夫はアメリカからヨーロッパに渡った映画監督ジュールズ・ダッシン。

トルコ

世間話好きで義理がたい、イスラム圏の優等生

丸顔だが、目とマユゲはキリッとしている

Evdeki hesap
Çarşlya uymaz
Nasilsiniz?

「エヴデキ　ヘサップ　チャルシュヤ　ウイマ。ナッスルスヌズ？」（家計と市場の価格が合わないのよ。調子はどう？）

イスラム教の服装を、自分なりに着こなす

●世間話が大好きで、ところかまわずしゃべる。ジェスチャーがデカイ

DATA

- **首都**：アンカラ
- **人口**：7562万7384人
- **面積**：78万576㎢（日本の約2倍）
- **言語**：トルコ語
- **宗教**：イスラム教（スンニ派、アレヴィー派）が大部分

◆ローマ人が原形をつくった「トルコ風呂」

「トルコはヨーロッパなのか？」と思う人もいるだろうが、地図をみれば、トルコの領土はギリシャと接するバルカン半島にもまたがっている。かつて東ローマ帝国の首都だったイスタンブールはトルコの都市だ。

トルコといえば蒸気のわき立つトルコ風呂が名物だが、じつはこれはヨーロッパ文化の産物で、ローマ帝国の公衆浴場を引き継いだものだ。日本のおじさんにとっては昭和の時代「トルコ風呂」といえばソープランドのことだったが、これは名目上トルコ風のスチーム風呂を置いていたからだ。本物のトルコ風呂は、色っぽいお姉さんではなく、筋骨隆々の男がアカすりサービスをしてくれる。

トルコはイスラム教の国なので、ついついサウジアラビアなどのアラブ圏の国といっしょにされやすいが、じつは風景も文化もアラブ圏とは大きく違う。

まず、トルコは砂漠の国ではない。アジア側のアナトリア半島の内陸は乾燥しがちな気候だが、涼しい高原地帯で牧畜がさかんだ。一方、ヨーロッパ側の地中海に面する地域は年間を通じて温暖で、冬には雨が多く降る。

そして、町の看板をみればわかるが、トルコはアラビア文字ではなくアルファベッ

コ人は自分たちをアラブよりヨーロッパに近いとも思っているのだ。

しく、トルコはアルファベットを導入したから発展したと考えている。そう、トル

トが使われている。現代のトルコ人の多くは、アラビア文字を習得するのがむずか

◆伝統のスカーフはオシャレアイテムに

トルコはイスラム教の国だが、日常での宗教的な束縛はわりとゆるい。イスラム教の戒律では飲酒は禁止だが、トルコでは酒を飲む人が多い。とはいえ地域によってはあまり売られていないところもあり、いろんな店を探してやっとみつかることも。観光地は外国人客のためによく売られている。

一般的に、イスラム圏では男は頭にターバンを巻き、女は頭から肩まで頭巾のチャドルをかぶって髪やボディラインを隠すのが決まりだ。

だが、政教分離を徹底したトルコでは、官公庁や学校でターバンやチャドルを身につけると処罰され、公務員はこのルールをきっちり守っている。一部の学校が子どもに伝統的な服装をさせたところ、わざわざ軍の参謀本部がインターネット上で批判した。役人や軍人が「今の若者は昔ながらのしきたりを守らないからけしからん!」と言うならともかく、トルコでは逆なのである。

ところが、近年のトルコはイスラム文化への回帰が広まり、女性向け雑誌では、カラフルなスカーフで頭を隠した美人モデルが表紙を飾っていたりする。伝統的な服装が人気のファッションアイテムになっているのだ。日本でいえば、マゲを結ったりかんざしを挿すのが再ブームになるようなものだろう。

敬けんなイスラム教徒でもオシャレはしたい。そこで、大都市ではカラフルなスカーフを売るブティックが人気だ。だが、こうした店の店員やデザイナーのほうは、今どきのファッションに身を包んでいたりする。

◆要件そっちのけでおしゃべりを優先

トルコ人の生活習慣や価値観は、日本などの東アジアともわりと共通する。トルコの伝統的な家屋は、日本と同じで玄関で靴を脱いで床にそのまま座る。トルコ名物のじゅうたんは、畳のようにその上で寝起きすることを想定したものだ。

そして、トルコ人はとにかく敬老精神が強い。一族のあいだでは年長者が物事を決めるので、親族経営の中小企業ではおじいちゃんが仕切っていることも多い。昔は、年長者の前で酒やタバコを口にするのも遠慮しなければならなかった。

こうした気質は中国人や韓国人にもみられるが、道理かもしれない。現在のトルコという国はアジアの西の端にあるが、本来のトルコ族が住んでいた土地は、もっと東の中央アジアだった。中国大陸が唐の時代、モンゴルのあたりにあった突厥《とっけつ》はトルコ族の国だといわれる。現代のトルコ人は彫りが深く白人に近い顔だが、これはトルコ族が西へ西へと移動するうちに混血が進んだ結果だ。

アジアからヨーロッパへ旅してきたトルコ人は、昔から交易を通じてマメに東西の情報を収集してきた。このためか、現代でもやたらと話好きだ。

久しぶりに誰かに会えば、かならず「母ちゃんはどうしてる？　兄ちゃんは？　姉ちゃんは？」などと家族の近況を細かく尋ねてくる。地方では、頼みごとがあって顔見知りのところを訪れたときも、「今年はあったかいねえ」などとさんざん関係のない話をして、帰り際にやっと要件を言うことがめずらしくない。

ビジネス上の会議もこんな調子で、すぐ本題に入らずお茶やコーヒーを飲みながら相手の出身や学歴を聞いたりするので、よく欧米人からはあきれられる。しかし、無駄と思えるような世間話を好むのも、相手をよく知ろうとするためだろう。

◆「コーヒーの淹《い》れかた」は嫁入り前にチェック

トルコ人のなかでもまじめにイスラム教の戒律を守っている人たちには、年に一

●トルコ人の生活の様子

日本と同様に、靴を脱いでじゅうたんのうえにそのまま座る

度、ラマダン月の断食というイベントがある。これはイスラム暦での9月の1カ月間、太陽が昇っているあいだはなにも食べてはいけないという決まりだ。

なお、イスラム暦は1年が354日、なので、「9月」の時期が毎年少しずつずれる。

当然、昼間は空腹で過ごすが、日が暮れるとみんな昼間の分までドカ食いする。そして、つらい断食をいっしょに乗りこえたことで連帯感を強める。

現代では、肌に貼ると食欲を抑えられるダイエットパッチというものがあるが、トルコではこれを断食のときに使うのは是か非か？　という論争が起こった。専門のイスラム学者が論議した結果、戒律には反しないという結論が出た。日本人には理解しにくい話だが、イスラム教徒のトルコ人には大まじめな問題なのだ。

そんなイスラム教の戒律を守りながらトルコ人はどんなものを食べているのか？まず、豚肉は戒律で食べてはいけない。かわりにケバブなど羊肉の料理が多い。米を使ったピラフやパスタ類もよく食べるのだが、なぜかトルコ人はかならずそれといっしょにパンも食べる。炭水化物ばかりでも気にしない。また、ピラフや肉料理にはよくヨーグルトをかける。ヨーグルトといえば甘い物が主流の日本では異様だが、トルコではヨーグルトは一種のソースなのだ。

そして、カフェでコーヒーを飲みながら熱く語り合うのがトルコの大人のたしなみだった。もともとヨーロッパにコーヒーを伝えたのはトルコ人だ。家庭内でもコーヒーの淹れかたや飲みかたの作法にはうるさい。ひと昔前までは、縁談があると、花嫁候補の女性はかならずコーヒーの淹れかたをチェックされたという。

◆義理がたいトルコ人は親日家

トルコは世界一の親日国といわれる。１９８５年、イラン・イラク戦争のためイランのテヘランに２００人以上の日本人が足止めされたが、このときトルコ航空が特別機を飛ばして全員を無事に脱出させた。

これは、かつて1890年にトルコの軍艦エルトゥールル号が日本の紀州沖で座礁したとき、日本人の救助活動によって69名が無事に帰国をはたしたことへの返礼だった。このようにトルコ人は義理がたく、昔の恩義を忘れないのだ。

そんなトルコとの歴史的な関係を知らない日本人がいるのは残念なことだ。トルコで日本の観光客がアタチュルク初代大統領の銅像の頭にトマトをのせた写真を撮ろうとして逮捕されたことがある。

ケマル・アタチュルクはトルコの近代化を指導した人物で、今も国民のあいだで非常に尊敬されている。このためアタチュルクに対する不敬罪があるのだ。ちなみに、日本も戦前は天皇に対する不敬罪があった。こういう面でも、トルコは昔の日本人に近い気質といえるだろう。

トルコの代表的人物

タルカン

(1972年〜)

トルコを代表するポップミュージシャン。ドイツに移住した父母のあいだに生まれ、13歳のとき一家でトルコに戻り、1992年ドイツで歌手デビュー。美声とイケメンでトルコをはじめヨーロッパ各国で人気を博す。2002年のワールドカップではトルコ代表のテーマソングを提供した。

まだまだある！　南ヨーロッパ

現代に生きる「教会領」と、「騎士団領」の子孫

アンドラ　フランスとスペインのあいだにあり、人口８万人ほどで、フランス政府と現地のカトリック司教が共同統治する国。するとおカタい宗教国家なのか？　と思うところだが、世論調査では、カトリックが禁じる同性愛や妊娠中絶、離婚などを「いいじゃん」とする国民が、ヨーロッパのなかでも群を抜いて多い。ラテン気質の観光立国ということもあり、オープンなお国柄のようだ。また、愛煙家も多い。もともとタバコ産業の国だからだろう。

マルタ　地中海に浮かぶマルタはシチリア島の南に位置し、人口は41万人ほど。マルタ人に言わせると「平和を愛し、陽気で、倹約家」という国民性で、働き者が多い。倹約家でまじめに働く部分は、すぐ隣のイタリア人とひと味違う。これは、18世紀末まで同地を支配したマルタ修道騎士団の価値観なのだろう。なお、マルタ騎士団は現在のマルタ政府とは別に、国連にオブザーバー議席を持っている。

みんなでパーティー

ヨーロッパの人々はこう動く

以下はフィクションです。実在の国家・国民とは、関係しません……、たぶん。

●開始時間に来たのは12人だけ

集合時間の18時0分0秒きっかりを待って、ドイツ人とスウェーデン人は店に入った。すでに席には、10人がついていた。

「南や東の奴らは遅くていかんな」スイス人がつぶやく。

「まあ、いつものことだろ」とイギリス人が答えた。

東の方から来ているチェコ人は申し訳なさそうな顔だ。

「……静かなのはいいが、イマイチ盛り上がらんな」とオランダ人が言った。実際、かたわらを見れば、ノルウェー人もデンマーク人もフィンランド人も、ほとんど無言で飲んでいる。スウェーデン人は炭酸水だ。

「よし、誰が何時に来るか、賭けようよ！」
モナコ人がそう提案する。さすがはカジノの国だ。すかさずルクセンブルク人の目が輝く、こちらもさすがが金融大国だ。

●それぞれの遅刻と言い訳

スタートから2時間、ようやく人が集まってきた。

「やあやあ、みんなのアイドル、フランス人登場！」

まず、シャネルの香りを漂わせたフランス人が入ってきた。

「おまえ、目立とうと思ってわざと遅れてきただろ」

ドイツ人が苛立たしそうに言う。少し離れた席から、イギリス人が横目でその姿を眺めてニヤニヤしている。

「ごめんごめん、ママと電話してた」

そう言って頭をかいて笑うイタリア人が登場。

「すまん、シエスタしてて寝過ごした」

スペイン人は胸を張って堂々とこう語る。

「豪雪で飛行機が遅れた。悪いなあ、ハハハハ」

上機嫌でロシア人が入ってきた。すでに酒臭い。
あまりに遅いので、ギリシャ人に電話をしたところ、
「あれ、パーティーは明日じゃなかったっけ？」

●25時にどつき合いも起こる

日付が変わるころになると、みんなすっかり酔っぱらっていた。歌うスロバキア人、踊るスペイン人、泣きだすポルトガル人、神に祈るポーランド人……。

おや、セルビア人とクロアチア人がもめている。ウクライナ人はロシア人に首をしめられ、イギリス人はギネスビール片手のアイルランド人に追いかけられ、逃げ回っている。

「……いやあ、やっぱりお酒は控えるべきだな」

トルコ人がそう言うと、スウェーデン人がぽつりと答えた。

「ああ、酔っぱらいは怖い」

こうして、ヨーロッパ人たちの集まる夜はふけていくのであった……。

主要参考文献

『世界民族問題事典』梅棹忠夫監修（平凡社）
『最新　世界各国要覧』（東京書籍）
『大発見！　あなたの知らない世界地図（図解雑学）』辻原康夫（ナツメ社）
『世界比較文化事典　60カ国』T.モリスンほか（マクミランランゲージハウス）
『世界国勢図会　２０１２／13年版』（矢野恒太郎記念会）
『世界主要国価値観データブック』（同友館）
『世界の「独裁国家」がよくわかる本』橋本五郎監修（ＰＨＰ文庫）
『東欧を知る事典』柴宜弘監修（平凡社）
『新版　ロシアを知る事典』（平凡社）
『世界の食文化 19　ロシア』沼野充義　沼野恭子（農山漁村文化協会）
『物語　ウクライナの歴史』黒川祐次（中公新書）
『ウクライナ１００の素顔』（東京農大出版会）
『絵を見て話せるタビトモ会話　チェコ』玖保キリコ　たかはしなな（ＪＴＢパブリッシング）
『旅の指さし会話帳 80　スロバキア』近重亜郎（情報センター出版局）
『中欧の分裂と統合』林忠行（中公新書）
『スロヴァキア熱』石川晃弘（海象社）
『旅名人ブックス 25　ハンガリー』沖島博美（日経ＢＰマーケティング）
『旅の指さし会話帳 49　ハンガリー』横山昇（情報センター出版局）
『ハンガリーを知るための47章』羽場久浘子編著（明石書店）
『ポーランドを知るための60章』渡辺克義編著（明石書店）
『ワルシャワ通信』梶原衛　渡辺克義（彩流社）
『旅の指さし会話帳 50　ルーマニア』土屋咲子（情報センター出版局）
『ルーマニアを知るための60章』六鹿茂夫編著（明石書店）
『ブルガリアン・ブルー』マルコバ・カテリナ（恒文社）
『神様がくれた国ブルガリア』明石和美　長谷川朝美（愛育社）
『旅名人ブックス１２０　ブルガリア』外山純子（日経ＢＰマーケティング）

『不思議の国ベラルーシ』服部倫卓（岩波書店）
『フィンランドを世界一に導いた100の社会改革』イルッカ・タイパレ／山田眞知子訳（公人の友社）
『競争やめたら学力世界一』福田誠治（朝日新聞社）
『フィンランド　森と街に出会う旅』鈴木緑（東京書籍）
『スウェーデン人　我々は、いかに、また、なぜ』イリス・ヘルリッツ／今福仁訳（新評論）
『絵を見て話せるタビトモ会話　スウェーデン』玖保キリコ　内田コーイチロウ（JTBパブリッシング）
『スウェーデンを知るための60章』村井誠人編著（明石書店）
『旅の指さし会話帳57　ノルウェー』若林博子（情報センター出版局）
『ノルウェーの社会』村井誠人　奥島孝康編（早稲田大学出版会）
『ノルウェーを変えた髭のノラ』三井マリ子（明石書店）
『消費税25％で世界一幸せな国デンマークの暮らし』ケンジ・ステファン・スズキ（角川SSC新書）
『デンマークを知るための68章』村井誠人編著（明石書店）
『デンマーク流「幸せの国」のつくりかた』銭本隆行（明石書店）
『風がよごれていない国アイスランド』ソルザソン美也子（同時代社）
『ICELAND NOTE』ｍｉｙａｃｏ（サンクチュアリ出版）
『北欧アイスランドガイド』大久保加奈（星雲社）
『ラトヴィアの蒼い風』黒沢歩（新評論）
『地球の歩き方　バルトの国々　2011～2012』（ダイヤモンド社）
『エストニアを知るための59章』小森宏美編著（明石書店）
『エストニア紀行』梨木香歩（新潮社）
『リガ案内』アルタ・タバカ編著／菅原彩　小林まどか訳（土曜社）
『木漏れ日のラトヴィア』黒沢歩（新評論）
『バルト三国歴史紀行Ⅲ　リトアニア』原翔（彩流社）
『スペインを知るための60章』野々山真輝帆編著（明石書店）
『ヨーロッパ読本　スペイン』碇順治編（河出書房新社）
『イラスト会話ブック　スペイン』玖保キリコ　津田蘭子（JTBパブリッシング）
『アンダルシアを知るための53章』立石博高　塩見千加子編著（明石書店）

『ポルトガルを知るための55章』村上義和　池俊介編著（明石書店）
『スペイン・ポルトガルを知る事典』渡部哲郎／鈴木昭一ほか監修（平凡社）
『旅の指さし会話帳52　ポルトガル』くりかおり（情報センター出版局）
『ようこそポルトガル食堂へ』馬田草織（産業編集センター）
『絵を見て話せるタビトモ会話　ポルトガル』玖保キリコ　藤井アキヒト（JTBパブリッシング）
『イタリア文化事典』日伊協会監修（丸善出版）
『旅の指さし会話帳6　イタリア』堀込玲（情報センター出版局）
『現代イタリアを知るための44章』村上義和編著（明石書店）
『世界の食文化15　イタリア』石毛直道／池上俊一（農山漁村文化協会）
『るるぶクロアチア・スロヴェニア』（JTBパブリッシング）
『見ることの塩　パレスチナ・セルビア紀行』四方田犬彦（作品社）
『地球の歩き方　中欧　2011～2012』（ダイヤモンド社）
『クロアチアの碧い海』大桑千花（産業編集センター）
『ユーゴ内戦後の女たち』ドラガナ・ポポヴィッチ　ダニサ・マルコヴィッチ／北嶋貴美子訳（柘植書房新社）
『バルカンの心』田中一生（彩流社）
『オシムからの旅』木村元彦（イースト・プレス）
『現代マケドニア考』芦沢宏生（中央大学出版部）
『サッカーが越えた民族の壁』森田太郎（明石書店）
『アルバニアインターナショナル』井浦伊知郎（社会評論社）
『コソボの少年』長倉洋海（偕成社）
『ギリシャ危機の真実』藤原章生（毎日新聞社）
『トルコを知るための53章』大村幸弘　永田雄三　内藤正典編著（明石書店）
『暮らしがわかるアジア読本　トルコ』鈴木董（河出書房新社）

本書は、書き下ろし作品です。

編著者紹介
造事務所（ぞうじむしょ）
企画・編集会社（1985年設立）。編著となる単行本は年間30数冊にのぼる。おもな編著書は『超訳「カタカナ語」事典』『こんなに違うよ！ 日本人・韓国人・中国人』（ともにPHP文庫）、『図解 世界がわかる「地図帳」』（知的生きかた文庫）、『徹底図解 中国がわかる本』（扶桑社文庫）など。

PHP文庫　日本人が知らないヨーロッパ46カ国の国民性

2013年7月17日　第1版第1刷

編著者　造事務所
発行者　小林成彦
発行所　株式会社PHP研究所
東京本部　〒102-8331 千代田区一番町21
文庫出版部　☎03-3239-6259（編集）
普及一部　☎03-3239-6233（販売）
京都本部　〒601-8411 京都市南区西九条北ノ内町11
PHP INTERFACE　http://www.php.co.jp/
印刷所　製本所　図書印刷株式会社

ISBN978-4-569-76032-2

PHP文庫好評既刊

こんなに違うよ！日本人・韓国人・中国人

造事務所 編著

似ているようで全く違う「日本、韓国、中国」——結婚観や娯楽、食文化など三国の違いと共通点がわかる一冊。これであなたも東アジア通！

定価六五〇円
（本体六一九円）
税五％